Usare
Sigil per Scrivere ebook
fruibili su qualsiasi lettore

by
Antonio Taccetti

Sono sicuro che, 3000 anni fa, molte persone criticavano il papiro e rimpiangevano l'antico supporto in pietra: sono sereno sull'avvenire del libro e sulla sua digitalizzazione.
(Russel Banks)

Si scrive soltanto una metà del libro, dell'altra metà si deve occupare il lettore.
(J. Conrad)

Copyright ©

Finito in Firenze 23 Marzo 2015

SOMMARIO

TECNOLOGIA **7**

    CENNI STORICI 7

DISTRIBUZIONE **8**

    DRM 8

DISPOSITIVI HARDWARE DI LETTURA **9**

    I FORMATI DEI LIBRI ELETTRONICI 9

    PDF, FORMATO NATO PER LA STAMPA.. 9

    IN CHE FORMATO SCRIVERE IL PROPRIO EBOOK 10

    COS'È L'ESTENSIONE DEI FILE... 10

    CAMBIARE ESTENSIONE AD UN FILE 11

    I FORMATI USATI DA SIGIL 11

        XHTML e HTML.. *11*

        txt.. *11*

        jpg o jpeg... *11*

        png *11*

        css... *11*

        ttf *11*

SIGIL **12**

FORMATO EPUB IN DETTAGLIO **13**

    HTML 13

    CSS 13

INSTALLAZIONE **14**

PRIMO AVVIO DI SIGIL **15**

    NAVIGATORE DEI LIBRI (FINESTRA) 15

    NAVIGATORE DEI LIBRI, MENÙ CONTESTUALE 17

    FINESTRA EDITOR 18

    FINESTRA TROVA 18

    FINESTRA TAVOLA DEI CONTENUTI TOC 18

    FINESTRA APPUNTI... 19

    FINESTRA RISULTATI DELLA VALIDAZIONE. 19

    FINESTRA ANTEPRIMA 19

    FINESTRA MULTIFUNZIONE.. 20

BARRE DEGLI STRUMENTI.. **21**

    ZOOM 22

    BARRA DI STATO 22

    DESCRIZIONE TESTUALE DEI COMANDI... 22

PERSONALIZZAZIONE DI SIGIL... **23**

    ASPETTO... 23

    PULIZIA DEL (CODICE) SORGENTE 24

    SCORCIATOIE DA TASTIERA 24

    LINGUA 24

    EVIDENZIARE LE PAROLE ERRATE 24

DIZIONARI ORTOGRAFICI 24

DIZIONARI UTENTE 25

PREFERENZE APRI POSIZIONE 25

APERTURA E SALVATAGGIO DEI FILE **26**

APERTURA E AGGIUNTA DI DOCUMENTI 26

Aprire i file 26

FILE EPUB 26

FILE HTML 26

FILE DI TESTO 26

Aggiungere file 26

Creare nuovi file vuoti all'interno di Sigil 27

Salvataggio dell'ebook 27

Salvare una copia 27

Salvataggio di file singoli 27

MODIFICA E CANCELLAZIONE DEI FILE MULTIMEDIALI **28**

ELIMINAZIONE DEI FILE INUTILIZZATI 28

MODIFICA DEI FILE GRAFICI VIDEO E AUDIO 28

EDITING IN MODO WYSIWYG **29**

WYSIWYG 29

EDITING IN VISTA CODICE **30**

VISTA CODICE, STRUTTURA DI UNA PAGINA 30

HTML IN VISTA CODICE 31

Tag 31

EDITING CON CSS **34**

COMMENTI CSS 34

CSS, I COLORI 36

Codifica dei colori 36

Notazione esadecimale 36

Notazione RGB semplificata 36

Notazione decimale con RGB 36

CSS ESEMPI D'USO CON SIGIL 38

Tutta la pagina XHTML con fondo grigio, testo in rosso; link in verde, dimensione caratteri all'80% 38

Definire testo e titoli con caratteri diversi 38

link nella pagina con testo e colori personalizzati 38

Pagina XHTML con titolo principale nascosto 38

Posizionamento di immagini e testo con i CSS 39

CSS, elenchi formattati 39

CSS, elenchi formattati come menù fra pagine 40

INCLUDERE CARATTERI (FONT) PERSONALIZZATI **42**

AGGIUNGERE FONT ALL'EBOOK 42

DEFINIRE STILI PER I FONT 42

APPLICARE I FONT AL TESTO 43

OBFUSCATION FONT 43

METADATA **44**

Dettagli opzionali 45

COPERTINA DELL'EBOOK **46**

SOMMARIO E INDICE **47**

Sommario 47

Indice 47

SOMMARIO, CREAZIONE **48**

Identificare i capitoli e sommario 48

Usi avanzati 49

Unire file XHTML 49

INDICE, CREAZIONE **50**

Marcare voci per l'Indice 50

Utilizzare Editor dell'Indice 50

Indice Editor manuale 51

Creare l'Indice 51

Indice Personalizzato con foglio di stile 51

LINK, CREARE COLLEGAMENTI IPERTESTUALI **52**

Link a paragrafi 52

Ancoraggio (ID) 53

Creare un ID (ancoraggio) 53

Rimuovere un ID (ancoraggio) 53

Creare un link ⊙–⊙ ad un ancoraggio o ID di Titoli 53

Creare un link ad un indirizzo Internet 54

Creare un link ad un video YouTube 54

Come è fatto un link 55

Come è fatto il collegamento file immagine/pagina XHTML 55

TECNICHE DI IMPAGINAZIONE **56**

Testo e immagini 56

Tabelle 57

Note del testo 57

CONTROLLO ORTOGRAFICO **58**

Controllo ortografico automatico 58

Cercare parole errate 58

Correttore ortografico 58

CERCA E SOSTITUISCI **59**

Metodi di ricerca e sostituzione 59

Sostituire il testo 60

Storia Appunti 60

RAPPORTI **61**

Espressioni regolari 61

PANORAMICA FILE DI SISTEMA **62**

OPS (Open Publication Structure) 62

OPF (OPEN PACKAGING FORMAT) 63

NCX 64

OEBPS (OEBPS CONTAINER FORMAT) 64

VALIDAZIONE 65

VALIDAZIONE EPUB CON FLIGHTCREW 65

Messaggi per i problemi di convalida più comuni 65

VALIDAZIONE CSS CON W3C 66

VALIDAZIONE CON EPUBCHECK 66

VALIDAZIONE PER KINDLE DI AMAZON 68

IBOOKS DI APPLE 69

VALIDAZIONE NEL MONDO REALE 70

EPUB IN RETE 70

ESEMPIO DI EBOOK PUBBLICATO 71

DIRITTO D'AUTORE 72

PUBBLICARE IL PROPRIO EBOOK 73

PUBBLICARE SU AMAZON 73

PUBBLICARE CON NARCISSUS 74

ALTRI SITI PER LA PUBBLICAZIONE 75

DOPO LA PUBBLICAZIONE 76

APPENDICE 77

MENÙ PRINCIPALE 77

File 77

Modifica 77

Inserisci 78

Formato 78

Cerca 78

Strumenti 79

Visualizza 79

Finestra 80

Aiuto 80

DELLO STESSO AUTORE 81

APP INVENTOR 2 PER ESEMPI 81

FATEVI LE MAPPE VOSTRE CON GOOGLE MAPS 81

Tecnologia

Un ebook, in italiano libro elettronico, è un libro in formato digitale.
Per leggere ebook occorre un dispositivo in genere mobile, come tablet, iPad, smartphone e iPhone oppure appositamente ideati come il kindle di Amazon. Esistono anche software che permettono la lettura di ebook su PC (scritto anche ebook o eBook).

Occorre non confondere un comune documento in formato digitale con un ebook.

L'ebook non presenta solo il contenuto sostanziale del documento cartaceo ma ne replica, per quanto possibile la conformazione, si da renderne la lettura simile a quella del cartaceo.

Per esempio: lo sfogliare le pagine o nell'inserimento di segnalibri con il vantaggio che il segnalibro può avere un nome di riconoscimento (possono esserci molti segnalibri) ed alla sua selezione il salto immediato alla pagina che lo contiene. Altro vantaggio rispetto al cartaceo è la possibilità di essere un ipertesto (cioè avere i classici link presenti su Internet che permettono di saltare da una pagina ad un'altra) e inglobare elementi multimediali
Oltre a questo (ma non dipende dall' ebook in se ma dal lettore usato) c'è la possibilità di utilizzare dizionari o vocabolari contestuali.

Queste le definizioni usate nel libro:

- ebook (scritto anche ebook o eBook), in italiano libro elettronico, è un libro in formato digitale a cui si può avere accesso mediante computer e dispositivi mobili, come smartphone, tablet, PC e dispositivi appositamente ideati per la lettura di testi lunghi in digitale, detti e-reader (ebook reader ecc.).
- e-reader (scritto anche ereader o e-Reader, in inglese ebook reader) in italiano lettore di libri elettronici è un dispositivo elettronico portatile che permette di caricare grandi quantità di testi in formato digitale (ebook) e di leggerli analogamente ad un libro cartaceo.

Cenni storici

Il progetto Gutenberg, lanciato da Michael S. Hart nel 1971 viene considerato l'anno di nascita degli ebook.
Occorrerà però aspettare il 1987 per il primo romanzo ipertestuale il cui titolo fu "Afternoon, a story" di Michael Joyce al tempo pubblicato su floppy disk.
Lentamente gli ebook si fecero strada nell'editoria e nel 1996 Il Progetto Gutenberg superò i 1.000 titoli.
Nel 1998 Kim Blagg ottiene il primo codice ISBN per un eBook.
Nello stesso anno vengono messi sul mercato i primi lettori di ebook dedicati (e-reader).
Nel 2000 Amazon lancio il suo Kindle negli Stati Uniti e nel 2009 il Kindle 2 e negli USA il Kindle DX.
Nello stesso anno l'integrazione tra l'ebook store di Amazon ed il Kindle permise a questa società di coprire il 60% delle vendite di ebook.
Alla fine del 2009, e nel 2010 Amazon mise sul mercato il Kindle DX International Edition.
Nel 2010 Apple lanciò il tablet computer iPad utilizzabile anche come e-reader.
In seguito ad un accordo con i maggiori editori in lingua inglese avviò un'aperta concorrenza con Amazon.
Nel 2010 anche Google annunciò l'avvio di un proprio servizio di vendita eBook online (Google Editions).
Nel febbraio 2011, secondo l'Association of American Publishers, per la prima volta il formato ebook superò la vendita di libri cartacei.

Distribuzione

Per la sua "struttura fisica" la distribuzione di ebook è possibile in un numero illimitato di copie.

I punti vendita, abitualmente negozi on-line potevano anche offrire servizi integrativi, quali la conversione del testo in formati elettronici compatibili con i più svariati dispositivi di proprietà degli utenti.

L'inserimento di sistemi protettivi DRM o social DRM si proponevano e si propongono di impedire copie fraudolente.

In ogni caso convertire il formato che l'utente non può utilizzare in un altro formato, spesso presenta problemi insormontabili e tali da renderlo praticamente irrealizzabile.

Si tratta comunque di attività che esulano dal contenuto di questo testo ed il formato libero EPUB utilizzato da Sigli sembra abbia in gran parte risolto questo problema.

DRM

DRM (Digital Rights Management) letteralmente gestione dei diritti digitali.

Indica i sistemi tecnologici mediante i quali i titolari di diritto d'autore (e dei diritti connessi) possono tutelare, esercitare ed amministrare tali diritti nell'ambiente digitale.

I DRM sono di due tipi, Social DRM ed Adobe DRM, la scelta su quale DRM utilizzare spetta agli editori.

- Social DRM , personalizza ciascun ebook con i dati dell'acquirente inserendo inoltre data, numero della transazione ecc.
  Il Social DRM oltre a consentire l'uso su qualsivoglia device compatibile con il formato EPUB, consente di convertire un ebook in altri formati.
- Adobe DRM, creato da Adobe per tutela del copyright agisce in modo diverso.
  Per poter leggere un ebook con protezione Adobe DRM occorre possedere un ID Adobe.
  Prima di effettuare l'acquisto occorre verificare la possibilità di associare il proprio dispositivo di lettura ad un ID Adobe.

Varie guide, disponibili in Internet, espongono come creare un ID Adobe.

Dispositivi hardware di lettura

Anche se un qualunque computer è potenzialmente in grado di permettere la lettura di un ebook, i puristi considerano lettori di ebook solo quei dispositivi dotati di caratteristiche tali da poter essere usati in maniera analoga a quella di un libro cartaceo.

Per esempio, essere dotati di una fonte autonoma di energia, avere dimensioni simili al libro cartaceo, permettere la lettura in condizioni ambientali come quelle in cui può essere letto un libro cartaceo.

Ma, come spesso accade, con il progredire della tecnologia le distinzioni fra i vari dispositivi divengono sempre più sfumate rendendo obsolete queste distinzioni.

Per esempio Amazon, proprietaria di Kindle, mette a disposizione in modo gratuito (anno 2014), un software che da la possibilità di leggere ebook per il Kindle anche su tablet con Sistema Operativo Android.

I formati dei libri elettronici

Gli ebook possono essere realizzati e pubblicati nei più svariati formati, anche se molti di questi non sono stati ideati per essere dei veri e propri formati di ebook.

Una delle ragioni è da ricercare nella relativa giovinezza del mercato e nelle scelte della distribuzione.

L'industria editoriale ha tentato di orientarsi verso formati legati a specifiche piattaforme hardware e software (formati proprietari), limitando non poco le scelte degli utenti finali.

Queste scelte portarono a far si che l'utente, ad esempio, non acquistasse ebook leggibili con software che lui non possedeva, oppure disponesse di un dispositivo hardware che non supportava il formato in vendita.

Con queste premesse, il mercato non poteva che soffrirne.

PDF, formato nato per la stampa

Spesso troviamo in vendita, affiancati ad ebook propriamente detti, file in formato pdf.

Il formato fu concepito per la stampa e tuttora è con la stampa che da il meglio di sé.

Un file PDF può descrivere documenti che contengono testo e/o immagini in qualsiasi risoluzione.

È un formato aperto, nel senso che chiunque può creare applicazioni che leggono e scrivono file PDF, senza pagare i diritti (royalty) alla Adobe Systems.

Il formato PDF (Si veda: Cos'è l'estensione dei file, pag 10) fu uno storico cavallo di battaglia della Adobe Systems concepito per creare e diffondere documenti compatibili con i sistemi operativi più diffusi.

Tale formato è leggibile tramite il software gratuito Reader (originariamente chiamato Acrobat Reader).

Questo software era, ed è, scaricabile dal sito della società, ed ha il vantaggio di preservare con estrema precisione la formattazione del documento non subendo variazioni dovute a settaggi individuali del sistema da parte dell'utente.

Adobe possiede un elevata quantità di brevetti che riguardano il formato PDF, ma le licenze non includono il pagamento di diritti per la creazione di programmi associati.

I documenti pdf, di solito non includono informazioni specifiche per software, hardware e sistema operativo usato.

Ciò permette di utilizzare/stampare il documento nell'esatta maniera nella quale è stato redatto, indipendentemente dalle piattaforme/o dispositivi utilizzati.

Queste ragioni contribuirono a farlo diventare un diffusissimo formato standard per la condivisione immediata dei documenti.

Se ciò non bastasse, gli store internazionali non distribuiscono i pdf.

Un "ebook" pubblicato in formato pdf non lo ritroverete né su Amazon, né su Apple o nemmeno su Kobo o Nook perché questi negozi on-line non accettano i file in pdf che appunto non sono ebook.

Altro è l'ebook cioè il libro elettronico.

I formati appositamente ideati per gli ebook, hanno generalmente il vantaggio di essere adatti a piattaforme dotate di meno risorse hardware rispetto ai computer desktop.

Altra caratteristica è quella di prevedere vari livelli di protezione del documento, (DRM) atti ad impedire la copia illecita. (Si veda: DRM, pag 8)

C'è chi sostiene che l'adozione di DRM sfavorisca la diffusione commerciale, va però considerato quante copie illecite potrebbero essere fatte di un ebook senza protezione privando, di fatto, del giusto supporto economico scrittori e distributori.

In che formato scrivere il proprio ebook

Nel settembre 2007 International Digital Publishing Forum (IDPF) indicò come standard ufficiale il formato EPUB. (IDPF è un organismo internazionale non profit al quale collaborano università, centri di ricerca e società che lavorano in ambito sia informatico che editoriale.)
Lo standard EPUB sostituì, aggiornandolo, l'Open ebook (OeB), elaborato dall'Open ebook Forum.
EPUB è l'abbreviazione di «electronic publication», pubblicazione elettronica, (indicato anche come EPub, epub, o EPUB).
Si tratta di uno standard aperto, specifico per la pubblicazione di libri digitali (ebook) e basato su XML.
In pochi anni dalla sua nascita l'EPUB è divenuto uno dei formati più diffusi nel mondo dell'editoria digitale.
Il software Sigil, oltre a poter leggere/importare file di vari formati, salva nel formato EPUB.
Inoltre, Sigil, come parte de software mette in grado l'utente di convalidare l'EPUB con EpubCheck.
Questa operazione consente di individuare eventuali problemi sintattici ed imprecisioni che possono *rendere l'ebook non idoneo ad essere visualizzato correttamente su tutti i dispositivi.*

Cos'è l'estensione dei file

In questo manuale, svariate volte verranno citate le estensioni dei file.
Dal momento che nei Sistemi Operativi Windows più recenti le estensioni dei file non sono normalemte visibili non è scontato che il lettore sappia esattamente a cosa ci si riferisce.
Per questa ragione segue una breve cronostoria su questo argomento e della sua problematica.
Negli anni '80 del secolo scorso, la memoria dei PC era alquanto limitata ed i nomi dei file potevano avere al massimo 8 caratteri più un suffisso di 3. (es. NomeFile.txt)
Il termine italiano estensione è frutto di una cattiva traduzione dell'inglese "extension", che in questa lingua significa suffisso.
Al tempo, scopo principale dell'utilizzo delle estensioni fu quello di permettere una facile individuazione del tipo di contenuto dei file, ad es. testo, grafica, esecutivi, di sistema ecc.
L'estensione di un file è un metodo tutt'ora utilizzato, permettendo al sistema operativo di distinguere il tipo di contenuto (pagina web, testo, musica, immagine ecc.) e di aprirlo con l'applicazione in grado di farlo.
Questo metodo è ancora in auge anche se alcuni software testano il contenuto del file prima di aprirlo con l'applicazione che ritengono idonea.
Oltre a questo, dal loro iniziale utilizzo, i parametri sono cambiati, i nomi dei file possono essere molto più lunghi degli 8 caratteri e l'estensione più lunga di 3.
Nei sistemi operativi Windows XP, Vista, 7, 8 per default l'estensione dei file è nascosta mostrando solo il nome.
Gli utenti, per capire il tipo di file al quale sono di fronte dovrebbero affidarsi solo all'icona associata ai file stessi e il tipo d'icona può non essere di facile individuazione.
Questo sistema può esporre anche a rischi e portare perfino ad aprire file virtualmente dannosi per il computer.
Con l'uso di Sigil, ma anche più in generale per questioni di sicurezza, è bene saper riconoscere le estensioni dei file, cosa si importa/esporta e cosa i file possono contenere.
Nei Sistemi Operativi, dove l'estensione è nascosta è importante sapere come fare per visualizzarla.
Lanciare Risorse del computer, dal menù della finestra:

- XP: Documenti > Strumenti > Opzioni Cartella > Visualizzazione Finestra > Impostazioni Avanzate >
- Windows Vista/Win 7: Organizza > Opzioni cartella e ricerca > visualizzazione >
- Windows 8: Documenti/Qualsiasi cartella > Visualizza > Opzioni > Modifica opzioni cartelle e ricerca > Visualizzazione >

Verificare che NON sia spuntata la voce: Nascondi le estensioni per i file più conosciuti.
Poi confermare e chiudere.

Cambiare estensione ad un file

Per trasformare l'estensione di un file in quella di un formato diverso, quasi mai basta modificarla come usualmente si cambiano i nomi ai file.

Il risultato può essere inaspettato nei documenti di videoscrittura e perfino rendere i file inutilizzabili se il cambiamento è fatto fra formati grafici.

Di solito la differenza fra formati diversi per file dello stesso tipo è data de avoluzioni tecnologiche che sono divenute disponibili nei formati più recenti.

Per esempio, un file di videoscrittura con estensione doc può essere letto con word 2007 il cui formato è docx e salvato, appunto, nel formato docx senza problemi.

Ma facendo l'operazione inversa, cioè salvando con estensione doc un file di testo scritto con word 2007 le opzioni peculiari del formato docx (più recente) non possono essere trasferite in documenti salvati con estensione doc. ed il risultato è di solito insoddisfacente.

Nel caso di file grafici, cioè file il cui contenuto è un'immagine (da non confondere con documenti di testo che contengono immagini), occorre leggere il file con un software che sia in grado di salvare con un formato diverso, per essempio da png a jpg.

Una volta letto il file, in genere basta salvarlo di nuovo con la nuova estensione ed il software si occupa di tutto.

In questo caso non è solo questione di vetustità del software perché i file con estensione png possono contenere parti trasparenti mentre nel formato jpg questo non è previsto; quindi passando dal formato png a jpg la parti trasparenti saranno del colore che il software individuerà idoneo.

Come regola generale, alla conversione da un formato ad un'altro, se non supportate dal formato in uscita certe caratteristiche (se utilizzate) vengono perse.

Un ottimo software, gratuito, per la conversione fra diversi formati di file è Format Factory.

Permette anche di convertire gruppi di decine o centinaia file con pochi click.

Il software è reperibile a questo indirizzo:

http://www.pcfreetime.com/

I formati usati da Sigil

XHTML e HTML

Formati in cui sono scritte le pagine dell'ebook. Sigil utilizza per default XHTML, ma li può utilizzare entrambi. Le differenze riguardano il modo in cui tag vengono usati, XHTML è un'applicazione XML, conformandosi ad essa. Sigil corregge automaticamente la sintassi.

txt

Identifica file di testo, contiene solo caratteri di scrittura semplici e non formattati (senza maiuscolo, grassetto ecc.). Di solito leggibile direttamente dagli utenti senza bisogno di installare programmi appositi. La mancanza di formattazione rende il testo facilmente trasferibile da un sistema operativo all'altro. I software sono generalmente accompagnati da file di testo leggimi (readme) che ne dà breve descrizione.

jpg o jpeg

Acronimo di Joint Photographic Experts Group (Gruppo congiunto di esperti per la fotografia).

Il formato permette la memorizzazione di immagini in modalità compressa con file di dimensioni contenute. Usato in Internet, nelle macchine fotografiche digitali e nei cellulari.

png

Derivato dal GIF è simile al JPG, ma può avere parti senza colore, cioè trasparenti.

css

File contenete istruzioni per la formattazione delle pagine dell'ebook. (Si veda: Editing con i CSS, pag34)

ttf

Acronimo di True Type Fony, sono file contenenti la descrizione di set di caratteri.

Sigil

Sigil è un editor di ebook multi-piattaforma che salva in formato EPUB.

Sigil è stato progettato per rendere più semplice la creazione di ebook di grandi dimensioni.

Se voi siete un appassionato, un autodidatta, o un professionista che desidera pubblicare libri su piattaforme multiple, Sigil è per voi.

Con Sigil è possibile formattare testi e immagini.

Nonostante la grande quantità di e-reader in commercio, quando l'ebook fatto con Sigil sarà letto, apparirà fedelmente nella forma in cui è stato concepito e visto dall'autore durante editing di impaginazione.

Le funzioni avanzate di cui Sigil dispone hanno reso questo software uno degli editor più popolari.

Caratteristiche di Sigil:

- Software libero e open source sotto GPLv3
- Multi-piattaforma: funziona su Windows, Linux e Mac
- Editing WYSIWYG, acronimo dell'inglese What You See Is What You Get ("quello che vedi è quello che ottieni").
- Pieno supporto UTF-16
- Viste multiple: Vista Libro, Vista Codice, Visualizza in anteprima
- Controllo completo per modificare la sintassi in Vista Codice (HTML,CSS)
- Supporta l'importazione di file EPUB e HTML, immagini e fogli di stile.
- Generatore dell'indice dei contenuti
- Editor di metadati con pieno supporto per tutte le possibili voci di metadati (più di 200), con descrizioni complete per ogni Interfaccia utente tradotto in molte lingue.
- Controllo ortografico con dizionari predefiniti e configurabili dall'utente
- Pieno supporto Regular Expression (PCRE) per Trova e Sostituisci nel testo.
- I documenti possono essere convalidati per la conformità EPUB con il validatore integrato FlightCrew.
- Blog di Sigil (in lingua inglese)
  http://www.mobileread.com/forums/forumdisplay.php?f=203
- Guida il linea (in lingua inglese)
  http://web.sigil.googlecode.com/git/files/OEBPS/Text/introduction.html
- Sigil è il risultato di innumerevoli ore di lavoro fatte da volontari per creare la versione più veloce, più stabile e potente per il migliori editing di EPUB rendendo il tutto libero disponibile.

Sigil e totalmente gratuito, ma se lo utilizzate e ne siete soddisfatti, qui è possibile fare una donazione, anche minima.
https://code.google.com/p/sigil/wiki/Donate

Formato EPUB in dettaglio

Il formato EPUB è uno standard aperto per ebook e quindi liberamente disponibile per chiunque.

Un ebook in formato EPUB è un file contenitore di altri file che insieme formano il prodotto.

I file contenuti nel file EPUB includono autore e titolo, sommario, testo, immagini, fogli di stile, font e naturalmente pagine HTML.

Con il formato standard EPUB il libro potrà essere letto su moltissimi e-reader o, se necessario, convertito senza problemi per altri e-reader che non utilizzano EPUB.

Il contenuto testuale dell'ebook sarà contenuto nella cartella text e all'interno di questa nei file NomeFile.XHTML (o NomeFile.XHTML, ma dipende da eventuali importazioni da documenti esterni)

Il tutto potrà essere formattato con i metodi HTML e CSS.

HTML

Il testo è formattato utilizzando marcatori HTML, lo stesso utilizzato per scrivere pagine web.

Non è indispensabile conoscere HTML perché Sigil, lavorando WYSIWYG scrive di sottofondo lo HTML necessario. In lingua inglese HTML è l'acronimo di Hyper Text Markup Language che può essere tradotto in italiano come "Linguaggio per contrassegnare Ipertesti".

HTML non ha meccanismi che consentono di prendere delle decisioni né possibilità di fare iterazioni come hanno per esempio Basic e Javascript. Per questa ragione, HTML non è un linguaggio di programmazione.

Pertanto una pagina HTML è un file che contiene elementi testuali che vogliamo visualizzare in un determinato modo.

Per fare questo, parti del testo scelte dall'autore vengono contrassegnate con dei "tag" (Si veda : tag, pag.31).

Per sommi capi l'HTML utilizzato per redigere un ebook, si occupa di:

- Definire lo sfondo da applicare alla pagina
- Specificare tipo di carattere (Arial, Giramond ecc.)
- Indica dimensione del testo, di solito espresso in pixel o percentuale.
  - Pixel è la contrazione della locuzione inglese "picture element". Indica gli elementi puntiformi che compongono la rappresentazione di testo e immagini.
- Tipo di formattazione da applicare al testo (corsivo, grassetto ecc.)
- Definire elenchi.
- Posizionare le immagini (anche in abbinamento ai CSS menzionati di seguito).
- Definire collegamenti ipertestuali.

W3C: Word Wide Web Consortium è l'organismo che definisce lo standard del linguaggio HTML.

CSS

Conosciuti anche come Fogli stile, controllano lo stile di testo e immagini.

Non è indispensabile conoscere CSS perché la maggiore e più consueta formattazione può essere fatta in HTML, e Sigil ha tutto il necessario per lavorare WYSIWYG (Si veda "Editing in modo WYSIWYG" , pag. 29).

(Per i CSS, si veda "Editing con i CSS, pag. 34)

Installazione

Sigil è supportato da Windows XP, Vista, 7, 8,Mac, Linux.
È possibile scaricare per il proprio sistema operativo, l'ultima versione di Sigil dal sito web ufficiale
https://github.com/user-none/Sigil/releases/tag/0.8.1

Oppure dai siti:
https://code.google.com/p/sigil/
https://code.google.com/p/sigil/downloads/list?can=1&q=

code.google.com:
https://code.google.com/p/sigil/

Sofpedia
http://www.softpedia.com/get/Authoring-tools/Help-ebook-creators/Sigil.shtml#download

cnet
http://download.cnet.com/Sigil/3000-2351_4-75332057.html

Dai file utilizzati per redigere questo manuale, agli indirizzi:
http://www.taccetti.net/sigil/Sigil-0.7.3-Windows-Setup.zip
http://www.taccetti.net/sigil/Sigil-0.8.1-Windows-x64-Setup.zip

Il file di installazione è comunque reperibile da una moltitudine di siti web che gestiscono il software freeware o shareware.
Una volta scaricato, scompattare l'eventuale file zip con doppio clic sul file exe di installazione, ad esempio:
Sigil-0.7.0-Windows-Setup.exe

Mac

Sigil è supportato su Mac OS 10.8 (Mountain Lion) bit x64 Intel, ma dovrebbe funzionare su 10.7 o superiore.
Scarica Sigil per MAC
Decomprimere il file DMG e trascinare il file "Sigil.app" nella cartella Applicazioni, ad esempio,

Linux

Una versione binaria di sigil non è disponibile a causa del numero di versioni di Linux.
Tuttavia, dato che il codice sorgente è liberamente disponibile, si può costruire dai sorgenti per la versione di Linux. E grazie allo sforzo di tanti volontari, molto probabilmente c'e 'una versione preconfezionata di Sigil costruito per la propria distribuzione Linux disponibile on-line:

Sigil Linux Pacchetti di distribuzione
http://code.google.com/p/sigil/wiki/LinuxDistroPackages

Primo avvio di Sigil

Al primo avvio appare l'interfaccia utente come nella prossima immagine, che però può essere anche leggermente diversa per gli aggiornamenti ai quali è periodicamente soggetto il software.

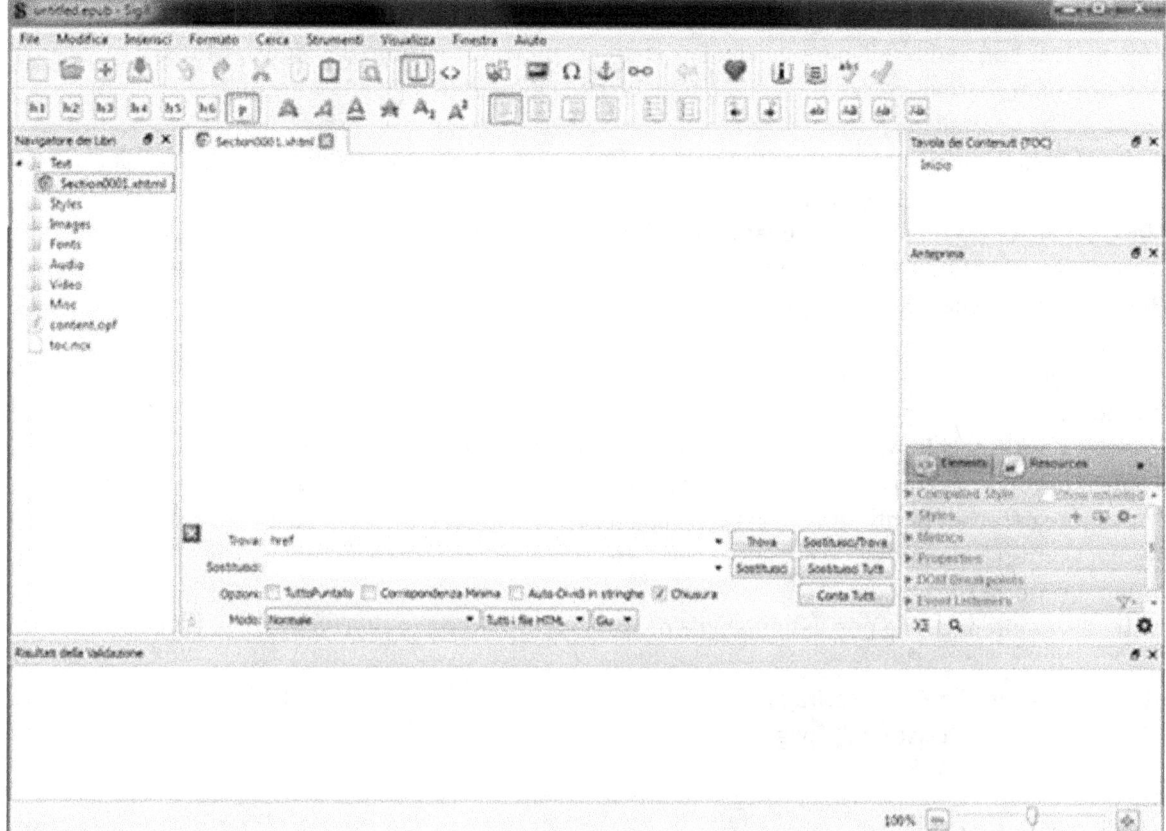

A colpo d'occhio sono immediatamente individuabili,in alto, il nome del documento che in questo caso è untitled (senza titolo), subito sotto il menù principale ed alcune finestre.

Navigatore dei libri (finestra)

Sulla sinistra la finestra Navigatore dei libri.

Si tratta di una finestra fondamentale perché gran parte del lavoro di editing verrà svolto con file contenuti in questa finestra.
Questa finestra contiene delle cartelle con nomi assegnati di default.

Questi nomi non possono essere cambiati e sono auto esplicativi per i contenuti che le cartelle sono deputate a contenere.

Le cartelle possono essere espanse o compresse facendo click sulla piccola freccia accanto a loro.

Queste le varie cartelle della finestra "Navigatore dei libri"

- Text: Conterrà i file XHTML.
  L'ordine di comparsa in questo elenco sarà l'ordine di scorrimento delle pagine nell'e-reader.
  Per ogni file XHTML, normalmente gli e-reader iniziano una nuova pagina.
  I file XHTML sono editabili in modo similare a un normale documento di videoscrittura.
  Possono contenere anche comandi CSS, nonché collegamenti a fogli CSS esterni (che dovranno trovarsi nella cartella Styles).
  Questi file XHTML (ma possono anche essere HTML) sono i contenitori del testo dell'ebook e dei collegamenti ad immagini, fogli stile ecc.
  Nel caso di immagini, questi collegamenti le faranno apparire nelle pagine alle quale sono collegati, mentre per i fogli stile, questi formatteranno la pagina medesima secondo i loro comani.
  Buona norma è che i nomi dei file non contenghinoi spazi.
- Styles: Conterrà file CSS.
  Sono comandi che determinano lo stile di testo, elenchi e immagini nelle pagine XHTML, che lo hanno collegato.
- Images: Conterrà le immagini dell'ebook, compresa l'immagine di copertina .
- Fonts: Conterrà file con la descrizione degli eventuali caratteri personalizzati dell'ebook (Si veda: "Includere caratteri (font) personalizzati" , pag 42).
- Audio: Conterrà file audio.
- Video: Conterrà file video.
- Misc: Contenitore di File non assimilabili a nessuna delle categorie precedenti.

Al di fuori di queste cartelle Sigil inserirà altri file, come per esempio il sommario dell'ebook.
(Si veda "Panoramica file di sistema" , pag. 62).

Navigatore dei libri, menù contestuale

Cliccando col tasto destro su un elemento della finestra Navigatore dei libri, in base al contesto si apre un menù è sarà possibile:

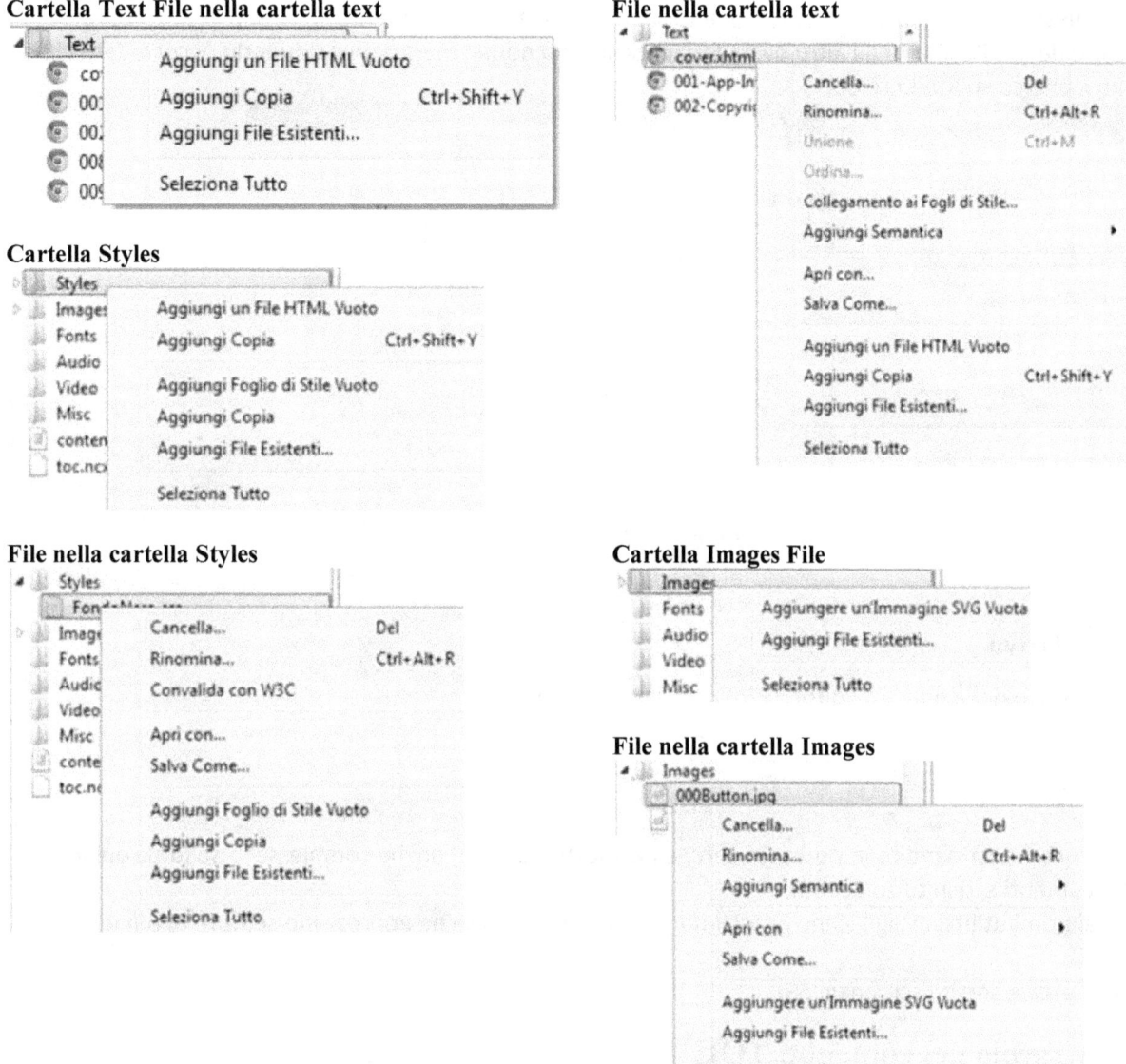

Se si sceglie di importare un file HTML, Sigil importerà tutte le risorse che fanno riferimento a tali file, come per esempio fogli di stile CSS o immagini.
Utilizzando questa tecnica, è possibile costruire il file EPUB da diversi file HTML preparati in anticipo.

Finestra Editor

Al centro dello schermo la finestra Editor.

In questa finestra dovranno essere editati i file XHTML sia in Vista Libro che in Vista Codice.

Possono essere aperti più file XHTML contemporaneamente, ma solo uno per volta sarà editabile.

I nomi di questi file aperti saranno visibili in alto sotto la barra degli strumenti.

Per passare da un file aperto all'altro basta fare click sul suo nome, mentre per chiuderlo occorre fare click sul segno x bianco su fondo rosso.

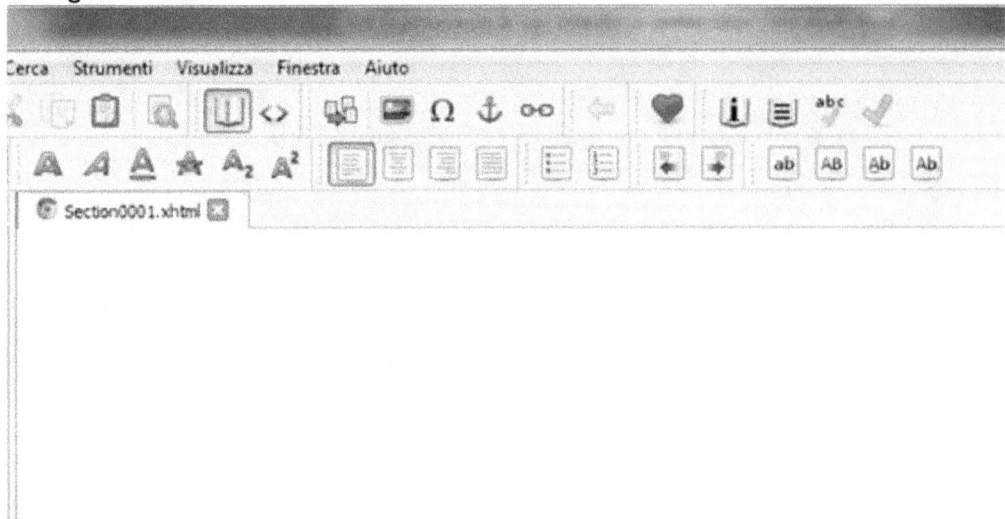

Finestra Trova

Subito al di sotto della finestra Editor, si trova la finestra trova.

Si tratta di una finestra molto importante perché permette ricerche, anche complesse, e sostituzioni in singoli documenti e/o in tutto l'ebook.

Di solito, ai primi utilizzi di Sigil viene quasi ignorata, ma con l'uso se ne apprezzano sempre di più le sue funzioni.

(Si veda: "Cerca e sostituisci" , pag. 59).

Finestra Tavola dei contenuti TOC

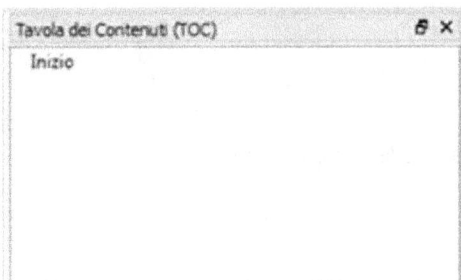

In alto, alla destra della finestra editor contiene il Sommario dell'ebook.

Sigil costruisce il sommario in modo semi automatico.

Lo fa utilizzando il livello dei titoli e sottotitoli, ma solo quando il comando di creazione del sommario viene impartito.

Sigil permette anche di cancellare voci o aggiungerne di nuove anche se non sono titoli.

Finestra appunti

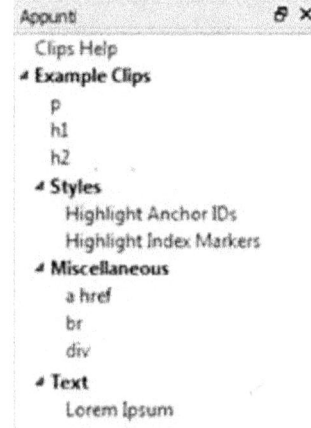

La finestra Appunti al di sotto della finestra Nevigatore dei Libri, permette di vedere ciò che è stato copiato durante la sessione di lavoro e con un doppio click reinserirlo in documenti correnti.

Finestra Risultati della Validazione.

Sigil permette di validare il documento creato in modo da essere corretto e quindi accettato per la pubblicazione.

In questa finestra, di solito posta sul bordo inferiore del monitor, vengono riportati i risultati.

In caso di errori, i risultati sono visualizzati su righe, per ogni riga un errore.

Ogni riga contiene: tipo di errore, pagina e riga di pagina dove è stato riscontrato.

Al click sulla riga la pagina con l'errore è posta nell'editor ed evidenziata la riga dove questo si trova.

In un angolo, sotto questa finestra, un indicatore della grandezza del testo.

Spostando l'indicatore, le dimensioni possono essere aumentate o diminuite secondo le proprie esigenze.

Questo non influisce sulle dimensioni effettive del testo nell'ebook terminato.

Finestra Anteprima

Al di sotto della finestra Tavola dei contenuti, qui è possibile vedere il testo nella pagina in editing.

Molto utile quando la pagina in editing è in Vista codice.

Finestra Multifunzione

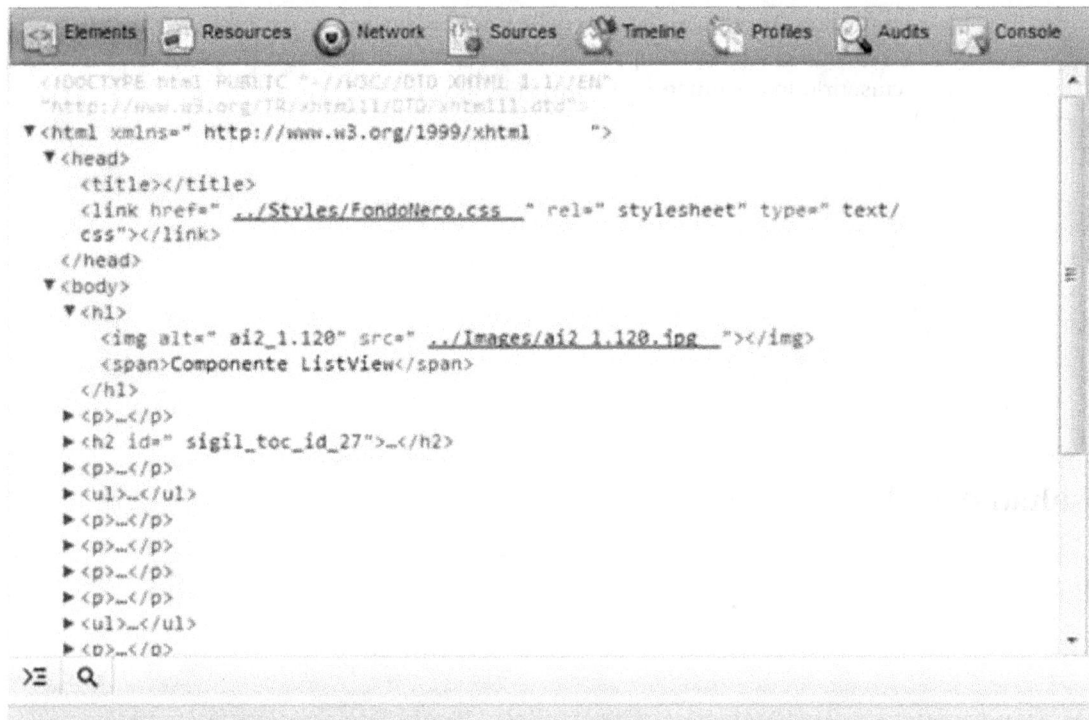

Al di sotto della finestra Anteprima, una finestra multifunzione ha sulla barra otto pulsanti per esaminare in dettaglio il documento in edit.

I nomi sono autoesplicativi: Elements, Resources, Network, Sources, Timeline, Profiles, Audits, Console

Elements: Per esaminare i vari elementi del codice della pagina corrente nella visione ad albero.
Al click su apposite frecce è possibile espandere e comprimere il contenuto dei tag HTML per esaminarne il contenuto ed apportare opportune modifiche in Edit.

Resources: Per esaminare le risorse collegate alla pagina corrente **e Network**

Barre degli strumenti

Le Barre degli strumenti sono i pulsanti nella parte superiore della finestra. Questi pulsanti possono essere spostati. Per farlo, fare clic e tenere premuto il divisorio verticale a fianco di ogni gruppo di pulsanti, quindi trascinarlo nella posizione desiderata. La barra degli strumenti principale contiene pulsanti per effettuare le più più comuni operazioni con Sigil.

Di seguito i pulsanti raggruppati per funzione e la loro voce di menu equivalente:

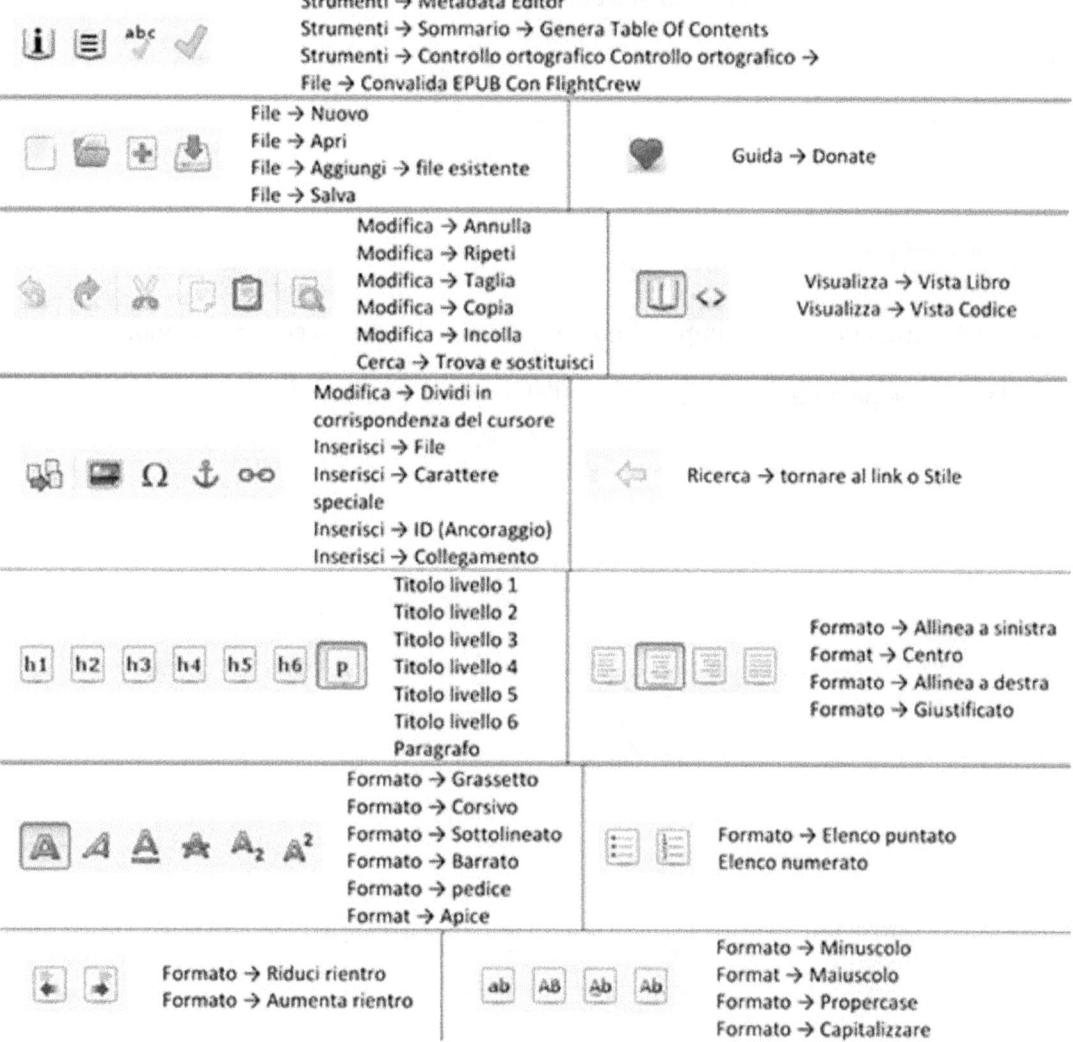

Zoom

In basso a destra della finestra principale è presente il controllo dello zoom che consente di ridurre o ingrandire il testo e le immagini.

Barra di stato

File saved.	Line: 654, Col: 6 100%

Nella parte inferiore della finestra principale, se necessario elenca informazioni quando un'azione è completata; può anche visualizzare informazioni sul file aperto.

Descrizione testuale dei comandi

Molti pulsanti, caselle a discesa, etichette e campi hanno descrizioni dei comandi che forniscono.

Per visualizzare una descrizione passare con il mouse sopra l'elemento.

Personalizzazione di Sigil

Dal menù Modifica → Preferenze (F5) si accede alla finestra di dialogo Preferenze che consente di controllare molte impostazioni in Sigil.
È possibile modificare le seguenti impostazioni:

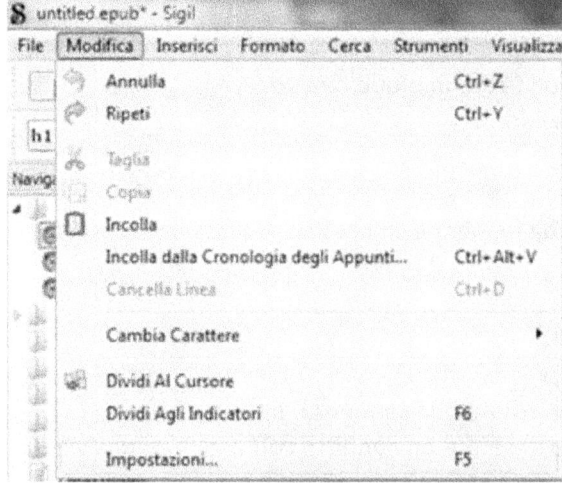

Una volta che la finestra Preferenze è aperta, è possibile scegliere l'area che si desidera modificare, fare clic sulla voce a sinistra. Selezionare OK o chiudere la finestra, salvare le impostazioni correnti.

Aspetto

Le Impostazioni di visualizzazione durante la scrittura dell'ebook non influiscono sul modo in cui l'ebook sarà visualizzato sui lettori elettronici (e-reader).
Nella finestra Modifica → Preferenze è possibile modificare tipi di carattere e colori che Sigil utilizza.

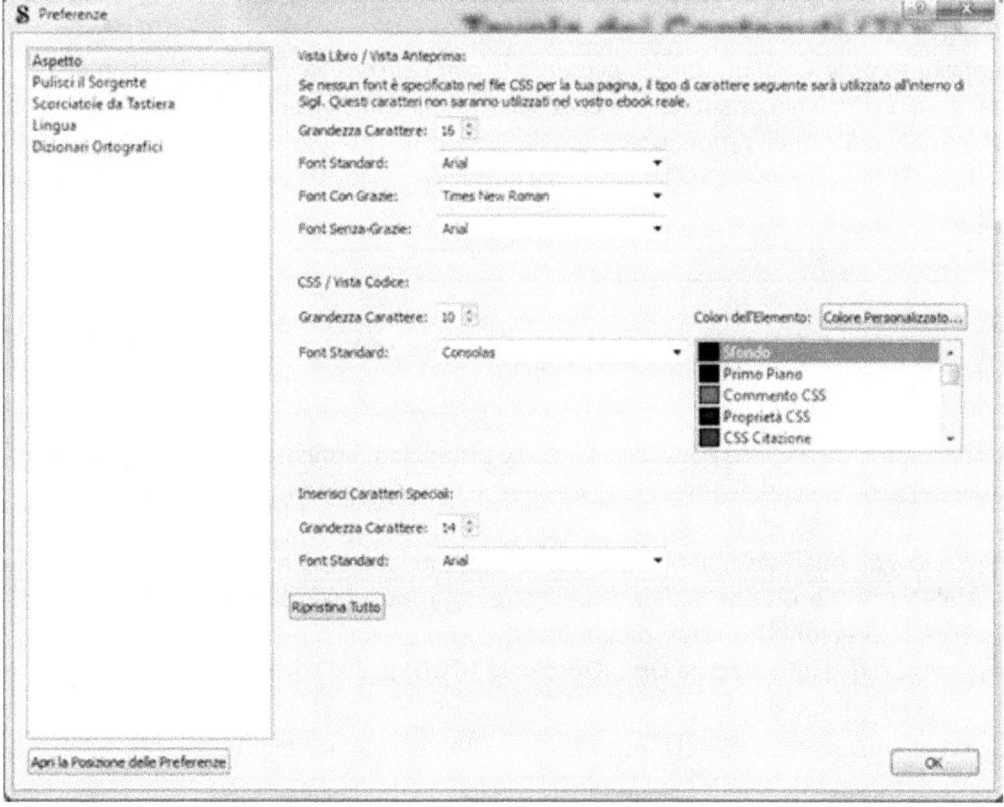

Pulizia del (codice) sorgente

In questa finestra è possibile impostare il livello di formattazione e la pulizia che viene eseguita sul codice sorgente HTML, nonché quando la pulizia dovrebbe essere fatta.
In questa finestra è possibile impostare il livello di formattazione e la pulizia che viene eseguita sul codice sorgente HTML, nonché quando la pulizia dovrebbe essere fatta.
L'impostazione predefinita è pulire durante l'apertura o il salvataggio EPUB. Ciò significa che Sigil riformatta il codice sorgente per renderlo più leggibile e più facile da modificare in modo diretto.
Cercherà di correggere gli errori che rendono il codice non valido.

Scorciatoie da tastiera

In questa finestra è possibile visualizzare tutte le scorciatoie da tastiera e cambiare ciò che si preferisce.
Per impostare o modificare una scorciatoia:

- Selezionare la voce dall'elenco.
- Fare clic nella casella di testo Collegamento.
- Digitare i tasti che si desidera utilizzare, (è sufficiente premere la sequenza di tasti).
- Fare clic su Assegna per impostare la nuova scorciatoia (se vi è un conflitto con un'altra voce viene visualizzato un messaggio).

Se non si è soddisfatti, fare clic su Rimuovi per rimuovere una scorciatoia.
Utilizzare Ripristina tutto per impostare i valori predefiniti.

Lingua

In questa finestra è possibile impostare la lingua dell'interfaccia di Sigil e la lingua predefinita dell'ebook.

Evidenziare le parole errate

L'attivazione di questa opzione consente di mettere in evidenza le parole errate in Vista Codice, con una sottolineatura ondulata rossa. Sarà quindi possibile fare click sulla parola con il pulsante destro del mouse e selezionare una correzione suggerita da un dizionario.

Dizionari ortografici

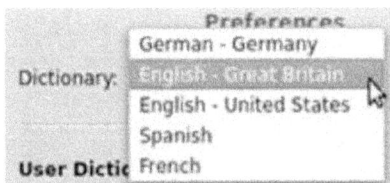

Sigil include diversi dizionari standard: inglese americano, inglese britannico, francese, tedesco, spagnolo ma supporta anche dizionari personalizzati. È possibile selezionarne uno utilizzando il menù a discesa dizionario (Dictionary).
Se si desidera aggiungere nuovi dizionari standard (che devono essere nel formato hunspell) è possibile fare clic sul pulsante Apri le Preferenze di posizione e andare nella directory "**hunspell_dictionaries**". Mettete i vostri nuovi file dizionario nella directory "hunspell_dictionaries".
HunSpell è un correttore ortografico utilizzato da OpenOffice.org (OOO) e altri software.
Per approfondimenti:
http://linguistico.sourceforge.net/pages/creadiz/creazione_dizionario_per_hunspell.html

Dizionari utente

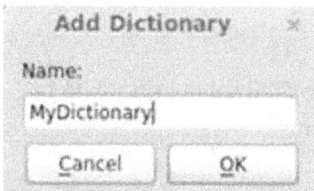

L'utente può creare i propri dizionari personali, se questo non viene fatto, Sigil creerà e attiverà un dizionario utente di "default", dizionario che è possibile rinominare o eliminare.

Per creare un nuovo dizionario utente, selezionare Aggiungi sotto dizionari utente a sinistra, e quindi immettere un nome per il nuovo dizionario:

Per aggiungere manualmente parole a un dizionario utente, selezionare il dizionario e quindi fare click su Aggiungi. Le parole possono essere separate da virgole, spazi, o elencate una per riga.

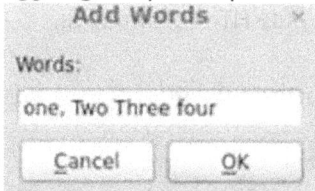

Parole al dizionario ortografico possono essere aggiunte anche facendo click su parole che Sigil non conosce e considera errate.

In questo caso, fare click destro sulla parola in Vista Codice e selezionare Aggiungi a dizionario.

Possono anche essere copiati dizionari completi utilizzando Copia, e poi rinominarli in base alle esigenze.

Contrassegnando la casella di controllo accanto al nome del dizionario è possibile selezionare quali utenti sono abilitati all'uso di questi dizionari. Tutti i dizionari abilitati saranno utilizzati al momento del controllo delle parole per vedere se ci sono errori di ortografia.

Possono essere abilitati più dizionari contemporaneamente.

Preferenze Apri posizione

Il tasto Apri posizione della finestra Preferenze, può essere utilizzato per aprire la cartella contenente tutti i file delle preferenze, per copiarli, fare il backup o per la condivisione con gli altri.

La posizione delle preferenze sarà probabilmente nelle seguenti posizioni:

- Windows: ...\Local Settings\Application Data\sigil-ebook\sigil
- MAC: ~/Library/Application\ Support/sigil-ebook/sigil/
- Linux: $HOME/.local/share/sigil-ebook/sigil

ma possono essere leggermente diverse in ragione del sistema operativo e versioni utilizzate.

I file che si trovano in questa cartella sono:

- hunspell_dictionaries: dizionari standard.
- sigil_index.ini: Le voci indice.
- sigil_searches.ini: ricerche salvate.
- sigil_clips.ini: appunti clip salvati.
- sigil.ini: informazioni di configurazione generali per Sigil.
- **user_dictionaries: dizionari utente personali.**

Apertura e salvataggio dei file

Questa funzione permette di Caricare e salvare gli ebook.

Sigil supporta l'apertura di file EPUB e la lettura di file HTML e di testo, ma quando Sigil salva l'ebook lo fa nel formato EPUB (il file EPUB conterrà tutti i file HTML, immagini, fogli di stile, font).

Apertura e Aggiunta di documenti

Aprire i file

Per aprire un file, fare clic sul pulsante Apri , oppure selezionare la voce di menù File →

File EPUB

- Quando viene aperto un file EPUB tutto viene caricato automaticamente, i file HTML, immagini, fogli di stile, i metadati, etc …
- Sigil organizzerà i file in cartelle predisposte all'interno della finestra Navigatore di libri.
- Se l'EPUB contiene errori Sigil cercherà di correggerli.
- Sigil formatterà o pulirà i file HTML (in funzione delle preferenze impostate)
- Se l'EPUB dopo il tentativo di correzione dei file HTML conterrà ancora errori, Sigil potrà ancora caricare il file ma segnalerà gli errori per la correzione manuale.

File HTML

- Il file HTML e tutti i file collegati ad essi, (fogli di stile, immagini ecc.) saranno importati e inseriti in cartelle appositamente predisposte nella finestra Navigatore di libri.
- I metadati nel file HTML sarà caricato nei metadati per il libro.
- A seconda delle preferenze, Sigil formatterà o pulirà i file.
- Se il file HTML non è ancora valido dopo la pulizia, Sigil segnalerà l'errore, ma non potrà caricare il file. Potrebbe essere necessario correggere gli errori fuori di Sigil con un editor HTML o il Blocco note di Windows.

File di testo

- Al caricamento nel software, I file di testo verranno convertiti in formato HTML.
  I paragrafi dovranno essere separati da linee vuote, per trovarseli poi già divisi in paragrafi distinti.

Aggiungere file

Per aggiungere nuovi file all'ebook occorre fare clic sul pulsante Aggiungi file esistenti , oppure selezionare la voce di menu File → Aggiungi → file esistenti o click col pulsante destro del mouse nel Navigatore di libri e scegliere Aggiungi file esistenti.

Ogni tipo di file sarà automaticamnte inserito nella cartella appropriata.
- File di immagini verranno posizionati nella cartella Images
- File video verranno posizionati nella cartella Video.
- File Audio verranno posizionati nella cartella Audio.
- File stile CSS verranno posizionati nella cartella Styles.
- File di font verranno posizionati nella cartella Fonts.
- Tutti gli altri file verranno inseriti nella cartella Misc in quanto non sono di solito utilizzati in un EPUB, anche se alcuni file di testo nella cartella Misc possono essere modificati in Sigil.

Creare nuovi file vuoti all'interno di Sigil

In questi file è possibile digitare direttamente il testo o copincollarlo da altre fonti.
Selezionare la voce di menù File → Aggiungi e scegliere File HTML vuoto, oppure foglio di stile vuoto ecc. E' possibile inserire anche un'immagine vuota SVG (un formato speciale di immagine).
Queste operazioni sono attuabili anche dall'interno della finestra Navigatore di libri.

Salvataggio dell'ebook

Salvare libro facendo clic sul pulsante Salva , oppure selezionando la voce di menù File → Salva.
Se si modifica il testo nel documento, un asterisco (*) viene aggiunto al nome del file nella barra del titolo.
Quando l'ebook viene salvato, Sigil controllerà se ci sono errori e avviserà se devono essere corretti.
Questo non esclude la necessità di eseguire la Convalida EPUB con FlightCrew prima della pubblicazione, perchè Sigil non sarà sempre in grado di individuare errori in modo autonomo.

Salvare una copia

Si dovrebbe sempre salvare il documento prima di fare grandi modifiche, in modo da recuperarlo in caso di errori.
È possibile selezionare File → Salva una copia per salvare una copia del EPUB per un nome diverso.
La differenza tra Salva o Salva con nome è che il libro sul quale si sta lavorando non viene rinominato, e sul PC avremmo una copia identica di quella al momento del salvataggio.
Utilizzare File → Salva una copia per i backup rapidi.

Salvataggio di file singoli

All'interno del Navigatore dei libri è anche possibile fare click con il pulsante destro del mouse sul nome di file e selezionare Salva con nome dal menù contestuale e salvarlo sul proprio PC.
Può essere selezionato anche più di in file.
Questo è un modo rapido per condividere un file specifico con qualcuno senza condividere l'EPUB, o per creare un file di modello utilizzato in seguito per altri ebook.

Modifica e cancellazione dei file multimediali

Per visualizzare i dettagli di un'immagine nella finestra Navigatore dei libri, fare doppio click sull'icona del nome del file; verrà mostrata larghezza e altezza in pixel, le dimensioni del file in kilobyte, e notizie su metodo di colore usato (ed. Colore24 bpp)

Eliminazione dei file inutilizzati

Selezionare la voce di menù Strumenti → Cancella file multimediali inutilizzati.
Sigil vi presenterà un elenco di file che non hanno alcun legame con la struttura XHTML o CSS dell'ebook domandando di confermare o annullare l'operazione.
Se confermata, avverrà automaticamente, e non sarà possibile recuperare i file.

Modifica dei file grafici video e audio

Una volta che un file grafico, video o audio è stato acquisito al progetto dell'ebook in svolgimento, Sigil consente facilmente di modificarlo.
In Navigatore dei libri, basta fare click con il pulsante destro del mouse sull'icona del file e selezionare la voce di menu Apri con.... In questo modo si apre il file nell'editor esterno selezionato (o da selezionare navigando nel PC in uso).
Sigil è un potente editor per fare ebook, ma per le funzioni più specifiche come per esempio la modifica delle immagini si appoggia a software che hanno funzionalità specifiche nel manipolare file grafici, audio e video.
Ad esempio se vogliamo cambiare le dimensioni di un'immagine, eliminare o aggiungere dei particolari, dall'interno di Sigil è possibile avvalersi di altri software già installati sul PC in uso.
Quando il file modificato verrà salvato, Sigil aggiornerà immediatamente la sua copia.
Questo è molto utile se si desidera modificare rapidamente le immagini o voler modificare fogli di stile CSS e immediatamente vedere come i cambiamenti influenzano il layout dell'ebook.
Per modificare un file con un editor esterno, nella finestra Navigatore dei libri, fare click con il pulsante destro del mouse destro sul nome sull'icona del file e scegliere Apri con... dal menù contestuale.

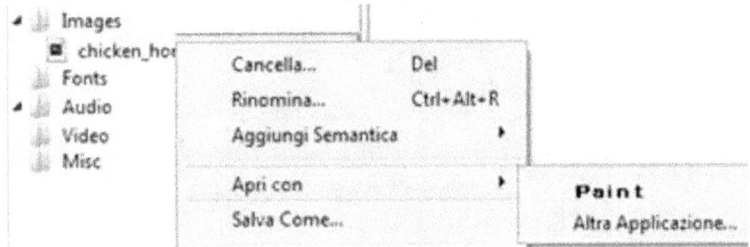

La prima volta Sigil può non sapere quale applicazione utilizzare, in questo caso occorre navigare nel PC fino al file exe dell'applicazione.
Le volte successive Sigil proporrà di utilizzare quel software, ma è possibile selezionarne anche altri.
Se si apportano modifiche al file di Sigil, mentre il file viene modificato in un altro programma, si rischia di perdere i dati.
Buona norma è aprire il file per la modifica esterna, apportare le modifiche, quindi salvare e chiudere il file nel programma esterno, poi in Sigil utilizzare il file modificato.

Editing in modo WYSIWYG

Sigil è un editor di EPUB, inoltre permette anche di aprire e modificare file EPUB scritti con altri editor. Naturalmente, con Sigil è anche possibile creare un EPUB da zero.

Lavorare in funzioni avanzate di Sigil richiede la conoscenza di CSS; in questo manuale sono descritti esempi che è possibile utilizzare anche per chi non ha conoscenza o dimestichezza con i CSS.

WYSIWYG

WYSIWYG è inteso come "quello che vedi è quello che ottieni", si tratta di uno dei due modi in cui è possibile lavorare con Sigil, il più semplice.

Per utilizzare la modalità WYSIWYG occorre fare click sul pulsante Vista Libro , oppure selezionare la voce di menù Visualizza → Vista Libro.

WYSIWYG è di solito il metodo usato da chi inizia con Sigli, ed è strettamente somigliante all'uso di un programma di videoscrittura come Word o Writer.

Si tratta di un buon metodo per apportare modifiche non dovendo occuparsi del codice HTML sottostante che Sigil scrive di sottofondo per noi.

Quando si applica la formattazione WYSIWYG, Sigil applicherà la formattazione che gli viene comandata. Nella figura sotto, testo e immagini vengono visualizzate sul monitor come lo saranno su di un e-reader.

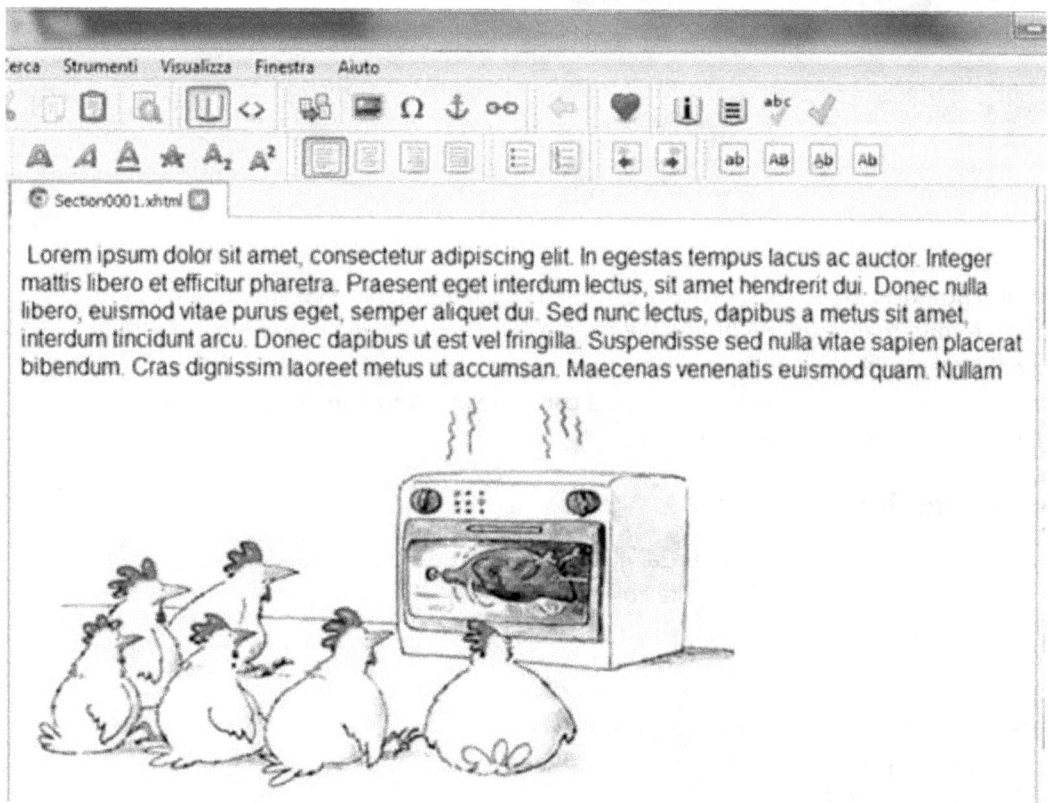

Ma WYSIWYG, nonostante la sua accuratezza è solo un (buona) approssimazione di come un ebook sarà visto dai/nei vari e-reader, perché ogni e-reader ha sue peculiarità.

Tuttavia, quando si desidera un maggiore controllo sul formato dell'ebook, un tipo di formattazione più personalizzata, o per utilizzare funzionalità avanzate di Sigil, è possibile utilizzare il metodo Vista Codice ed agire direttamente con i CSS e sui tag HTML.

Editing in Vista codice

Per passare alla Vista Codice fare click sul pulsante Vista Codice , oppure selezionare la voce di menu Visualizza → Vista Codice.

Questo metodo consente di modificare in modo diretto il codice HTML e CSS, apportandone modifiche non disponibili in Vista Libro.

Questo metodo è molto potente, ma è necessario fare attenzione a inserire codice HTML valido.

Sigil esegue controlli in tempo reale e anche quando la pagina viene salvata, in caso di errori tenta di apportare le correzioni necessarie.

Pur lavorando in modo egregio, rimane una macchina, e a causa della grande fantasia umana nel commettere errori, non sempre le correzioni riescono.

Vista codice, struttura di una pagina

Ricapitolando, in parte, quanto scritto in precedenza, gli ebook sono una collezione di file con estensione HTML (può essere anche XHTML) inglobati in un file con estensione EPUB.

La struttura base di una pagina HTML è:

```
<?xml version="1.0" encoding="utf-8"?>
<!DOCTYPE html PUBLIC "-//W3C//DTD XHTML 1.1//EN"
"http://www.w3.org/TR/xhtml11/DTD/xhtml11.dtd">
<html xmlns="http://www.w3.org/1999/xhtml">
<head>
<title></title>
</head>
<body>
</body>
</html>
```

Le parole racchiuse fra < e > sono dei marcatori di blocchi e la barra / definisce la fine di un blocco.

- Tutta la parte che precede <html> definisce il contenuto della pagina come tipo di marcatori e varia col variare della versione dell'HTML.
- <html> e </html> definiscono l'inizio e la fine nella pagina.
  Tutto ciò che è all'interno di questi tag sarà interpretato come struttura di un documento HTML.
- <head> e </head> Intestazione del documento.
  In questa sezione trovano posto tutti quei tag che impartiscono direttive all'e-reader: titolo, comandi CSS per la pagina e richiami a fogli di stile esterni.
  Tutto ciò che si trova all'interno del blocco <head> e </head> non è direttamente visibile al lettore, ma viene interpretato dell'e-reader per la formattazione della pagina.
- <title></title> Contiene il titolo della pagina, in questo contesto può essere lasciato vuoto.
- <body> </body> Corpo del documento, è in questa sezione che devono essere inseriti testo, collegamenti a immagini da visualizzare, link ipertestuali ed i comandi (tag) di formattazione.

In Vista Codice, Sigil evidenzia i tag HTML e gli elementi CSS con colori diversi, in modo da rendere più agevole lettura, identificazione e manipolazione.

HTML in vista codice

In lingua inglese HTML è l'acronimo di Hyper Text Markup Language che può essere tradotto in italiano come "Linguaggio per contrassegnare Ipertesti".
Si tratta di un linguaggio di tipo statico utilizzato per visualizzare testo e immagini nelle pagine web, secondo standard ben definiti.
Utilizza dei tag per indicare a un browser (e nel caso degli ebook ad un e-reader), come deve interpretare e visualizzare il documento.
Come già scritto, HTML non ha meccanismi che consentono di prendere delle decisioni, per questa ragione HTML non è un linguaggio di programmazione.
Pertanto, una pagina è un file HTML contenente elementi testuali, immagini o video che vogliamo visualizzare in un determinato modo; per farlo questi elementi devono essere contrassegnati con dei "tag". (Si veda: "tag", pag. 31)

Per sommi capi la marcatura HTML si occupa di:
- Definire lo sfondo da applicare alla pagina.
- Specificare tipo di carattere (Arial, Giramond ecc.)
- Indicare dimensione del testo, di solito espresso in pixel o in percentuale.
  Pixel è la contrazione della locuzione inglese "picture element". Essa indica gli elementi puntiformi che compongono la rappresentazione di testo e immagini.
- Tipo di formattazione da applicare al testo (corsivo, grassetto ecc.)
- Definire collegamenti ipertestuali.

Tag

I tag cioè i marcatori devono essere scritti fra parentesi uncinate < >.
Tutto ciò che si trova fra < e > non sarà direttamente visibile agli utenti dell'ebook, ma marcherà in qualche modo il contenuto al quale è stato abbinato.
Questa marcatura permetterà di presentare quella parte di pagina secondo le regole HTML.
La quasi totalità dei tag necessita di un'apertura ed una chiusura.
La chiusura è segnalata con una barra rovesciata.

Per esempio <p> segnala l'inizio di un paragrafo e </p> la sua fine.

<h1> un titolo di primo livello </h1>,	**un titolo di primo livello**
<h2> un titolo di secondo livello </h2>	un titolo di secondo livello
<h3> un titolo di terzo livello </h3>	un titolo di terzo livello

Su questi livelli di titolo Sigil potrà creare il Sommario dell'ebook (Si veda: "Sommario, creazione", pag 48)

Per gli **elenchi** la struttura HTML è la seguente:

Un elenco inizia con il tag < ul> e finisce con </ul>

ogni voce dell'elenco inizia con il tag <li> e finisce con </li>

Questo è un esempio di elenco:

Codice HTML che crea l'elenco	Elenco alla lettura dell'e-book
`<ul>`	
`<li>voce A d'elenco</li>`	• voce A d'elenco
`<li> voce B d'elenco</li>`	• voce B d'elenco
`<li> voce C d'elenco</li>`	• voce C d'elenco
`</ul>`	

Si veda: "CSS, elenchi formattati", pag. 39

<div></div> Da utilizzare per definire una sezione del documento.

Con il tag <div>, è possibile raggruppare grandi sezioni di elementi HTML e formattarli con i CSS.

<span></span> Da utilizzare per raggruppare e applicare stili a elementi inline elementi.

La differenza tra il tag <span> e <div> tag è che il tag <span> è usato con elementi in linea, mentre il tag <div> viene utilizzato con contenuti a livello di blocco.

Esempio di codice:

```
<div style="color:#0F0;">
Il computer non è una macchina intelligente<br />
che aiuta le persone stupide
<span style="color:#F00;">
<br/>anzi, è una macchina stupida<br />
</span>
che funziona solo nelle mani delle persone intelligenti.
</div>
```

Risultato:

Il computer non è una macchina intelligente
che aiuta le persone stupide
anzi, è una macchina stupida
che funziona solo nelle mani delle persone intelligenti.

link ipertestuali

Per i link ipertestuali questa è la forma universalmente adottata,

<a href=" http://download.cnet.com/Sigil/3000-2351_4-75332057.html ">Fai download di Sigil</a>

In questo caso si tratta di un link ad un indirizzo Internet esterno all'ebook. (Si veda: "link, creare collegamenti ipertestuali", pag. 52)

Altre possibili modificazioni del testo sono:

- Testo in grassetto 🅰: `<p><b>testo manipolato</b></p>`, che corrisponde a: **testo manipolato**
- Testo in corsivo 🅰: `<p><i>testo manipolato</i></p>`, che corrisponde a: *testo manipolato*
- Testo sottolineato 🅰: Sigil versione 0.7.4 inserisce il comando `<p><u>testo manipolato</u ></p>`
  che corrisponde a <u>testo manipolato.</u>
  Si tratta di un bug probabilmente dovuto alla versione in aggiornamento, in ogni caso una volta applicato questo tag è bene fare la Validazione con FlightCrew (Si veda Validazione, pag.65)
  Nel caso sia rilevato errore, la soluzione è sostituire, nella pagina in Vista Codice i tag <u></u> con <s></s>
  Il comando diviene: `<p><s>testo manipolato</s></p>` ma il risultato è sempre ~~testo manipolato~~ senza però errori alla validazione
  tag altamente sconsigliato perché il lettore non lo può distinguere da un link e può arrivare a pensare si tratti di un errore nella stesura dell'ebook.
- Testo barrato 🅰 : Sigil versione 0.7.4 inserisce il comando `<p><strike>testo manipolato</strike><p>`, che corrisponde a: ~~testo manipolato~~.
  Si tratta di un piccolo bug probabilmente dovuto alla versione in aggiornamento, in ogni caso una volta applicato questo tag è bene fare la Validaziione con FlightCrew (Si veda Validazione, pag.65)
  In caso ci sia l'errore, la soluzione è sostituire, nella pagina in Vista Codice i tag <strike></strike>

con <del></del>

Per cui il comando diviene: <p><del>testo manipolato</del></p> ed il risultato è sempre ~~testo manipolato~~ ma senza errori alla validazione

- Testio pedice A_2 : <p>Acqua = H₂ </sub>O , che corrisponde a: Acqua = H2O
- Testo apice A^2 : <p>Vedere nota³</sup><p>, che corrisponde a : Vedere nota3

Questi tag possono anche essere usati in concomitanza avendo cura di non fare confusione fra i tag iniziali e finali, ad es. il paragrafo:

<p>Ho scritto <i>questo testo ha <b>questa parte in grassetto, </b> il finale no.<i> </p>
che da come risultato:
Ho scritto *questo testo ha **questa parte in grassetto**, il finale no.*

Non tutti i tag hanno necessità di chiusura, per esempio non ne ha il tag <br> indica che in quel punto il testo deve andare a capo su nuova riga.

Un'istruzione particolare <!-- questo è un commento --> permette di inserire dei commenti nelle pagine.
Questi commenti saranno visibili solo in Vista codice ed ignorati dagli e-reader.
Il loro scopo è ricordare qualcosa che sarà utile a chi dovrà apportare modifiche in caso di revisioni future.

Tutti i tag citati possono essere scritti manualmente all'interno della pagina in Vista Codice, in caso di errori Sigil lo segnalerà in tempo reale.

Prestare attenzione che Sigil a volte è perfino troppo zelante.
Se per esempio viene scritto: <div>Testo della pagina......
Sigil segnalerà subito errore perché manca il tag di chiusura </div>
Una volta scritto il tag di chiusura, Sigil non segnalerà più l'errore.

Questo vale anche per tutti gli altri tag.

Editing con CSS

Con Sigil, per controllare lo stile di testo e immagini, oltre ai tag HTML può essere fatto uso degli elementi di stile.

Quella che segue è una descrizione CSS basilare, ma adeguata alla formattazione delle pagine per le necessità più comuni.

CSS è l'acronimo di Cascading Style Sheets, in italiano Fogli Stile a Cascata.

I CSS sono definiti a cascata perché ogni elemento stilistico può essere ridefinito più volte e l'ultima definizione ha la priorità sulle precedenti.

Sono uno strumento di formattazione delle pagine web usato anche per la formattazione del contenuto di pagine ebook.

Consentono di personalizzare l'aspetto della pagina agendo direttamente su testo e immagini manipolando anche i tag HTML, modificando caratteri di testo, colori e molto altro.

Per certi versi possono essere considerati un'evoluzione dell'HTML.

L'implementazione dei CSS può essere fatta con tre metodi diversi:
1. Direttamente all'interno dei tag HTML modificandone l'aspetto.
2. Definiti fra i tag <style> </style> nella pagina, normalmente subito prima del tag </head>
   In questo caso, fra i tag <body>... <body> un id o una class racchiude l'elemento oggetto della modifica stilistica.
3. Con foglio di stile esterno collegato alla pagina. Il collegamento si trova fra i tag <head> </head>
   Anche in questo caso fra i tag <body>... <body> un id o una class racchiude l'elemento oggetto della modifica stilistica.

Commenti CSS

Come in HTML, anche nei CSS è possibile inserire dei commenti.

Un commento può essere sulla stessa riga di un comando o anche su una o più righe a se stanti, ma deve aprirsi con i due caratteri /* e chiudersi con i due caratteri */

Tutto quello che è indicato nei commenti non è preso in considerazione dall'e-reader.

Buona norma è usare i commenti per suddividere le sezioni dei vari comandi CSS evidenziandone le scelte d' implementazione, in modo da facilitare la lettura e l'eventuale modifica futura.

1) Considerando che i tag HTML <p></p> definiscono un paragrafo di testo, scrivendo:

<p style="background-color: red;">Testo del paragrafo</p>

Lo stile applicato è: style="background-color: red;"

Lo sfondo del paragrafo (fra <p e </p>) sarà rosso come in questo esempio: Testo del paragrafo

Lo stile potrebbe essere anche scritto così: style="background-color: #F00;"

il che produrrebbe lo stesso risultato.

Infatti il codice #F00 corrisponde al colore Rosso.

Si veda "CSS, i colori", pag.34

2) Oltre alla manipolazione dei paragrafi <p> </p> è possibile definire dei blocchi contenitori, <div>...</div> assegnare loro un id o una class ed utilizzarli come contenitori di testo e immagini ai quali dare una formattazione particolare.

Gli esempi che seguono si riferiscono a paragrafi, ma con lo stesso metodo ID o class possono essere assegnati anche a titoli elenchi div ecc.

- Per dare un ID ad un paragrafo la sintassi è:
  <p id="NomeParagrafo">testo contenuto nel paragrafo</p>
- Per assegnare una classe ad un paragrafo la sintassi è:
  <p class="NomeDellaClasse">testo contenuto nel paragrafo</p>

L'unica reale differenza fra l'uso di un ID o di una class è che in una pagina l'ID deve essere unico, mentre la class può essere replicata quante volte lo si desidera.

Nelle dichiarazioni dei comandi da applicare, i nomi degli ID sono preceduti da # (cancelletto), mentre i nomi delle classi da. (punto).

Esempio di sintassi (deve trovarsi fra tag <head> </head>):

```
<style type="text/css">
#EsempioA {color: #F00;} // testo di colore rosso solo per quel tag a cui sarà applicato l'ID EsempioA
.EsempioB {color: #0F0;} // testo di colore verde a tutti i tag ai quali sarà applicata class="EsempioB"
</style>
```

e nel corpo pagina (deve trovarsi fra tag <body> <body>):

```
<p ID="EsempioA">Il testo che si trova qui è rosso</p>
<p class="EsempioB"> Il testo che si trova qui è verde </p>
```

Puntualizzando quanto scritto in precedenza con un altro esempio:

```
<style type="text/css">
/* inizio dei comandi */
#DivConContorno{border:3px solid;border:dashed; color:#F00;} /* definisce un bordo di 3 punti di colore
rosso*/
/* fine dei comandi */
</style>
```

<div id="DivConContorno">testo contenuto nel div.</div> è la zona sul quale il comando CSS agisce.

E questo il risultato alla letture dell'ebook

```
testo contenuto nel div.
```

3) Il file contenente il codice CSS dovrà trovarsi nella cartella Styles di Sigil ed avere estensione CSS
La cartella Styles è una delle cartelle Sigil di dafult.

Per esempio, se nella cartella Styles inseriamo un file dal nome: FondoNero.css
  • il cui contenuto è:
     body {color: #FFF; background-color: #000;}
  • e nella pagina par1.XHTML subito prima del tag </head> il codice:
     <link href="../Styles/FondoNero.css" rel="stylesheet" type="text/css" />
Il foglio stile FondoNero.css verrà collegato alla pagina par1.XHTML e ed il testo sarà bianco con il fondo
della pagina nero.

Dopo tutto questo lavoro, la buona notizia è che tutte le volte che in una pagina verrà inserito il codice
<link href="../Styles/FondoNero.css" rel="stylesheet" type="text/css" />

il fondo sarà sempre nero con il testo bianco senza necessità di dover riscrivere il codice ogni volta per ogni
pagina. Nel capitolo dedicato ai CSS molte volte è stato fatto accenno ai colori, quello che segue è una
descrizione sull'uso dei colori con i CSS.

CSS, i colori

I colori rappresentano un mezzo efficace per far risaltare parti del testo.
Negli e-reader, come nei computer, i colori sono codificati come numeri.
Conoscendo il metodo è possibile "miscelarne" di personalizzati non rimanendo limitati a quelli predefiniti.

Codifica dei colori

Nel contesto di una regola CSS, i colori possono essere espressi con vari metodi.
Per parole chiave o con valori numerici.
Nel primo caso, sono sedici parole in lingua inglese che definiscono i colori standard:

Questi sono i colori:

e queste le parole che assumono la valenza di keyword (parole chiave) per definirli.
black, navy, blue, maroon, purple, green, red, teal
fucsia, olive, gray, lime, aqua, silver, yellow, white

Ad esempio per colorare in rosso il testo dei paragrafi:
p {color: red;}

Notazione esadecimale

In un moderno monitor, ma anche in un e-reader delle ultime generazioni, le 16 parole chiave possono non esaurire la gamma dei colori necessari o visualizzabili.
Per ovviare a questo è utilizzata la notazione esadecimale con 3 coppie di cifre.
In questa notazione ogni cifra può assumere valore 0,1,2,3,4,5,6,7,8,9,A,B,C,D,E,F corrispondente (in notazione decimale da 0 a 15).
Le prime due lettere (che sono numeri) corrispondono ai valori per il colore rosso (Red), la seconda coppia al verde (Green) e la terza al Blu (BLUE).
Per questa ragione è chiamato sistema RGB.

Il codice numerico dei colori in esadecimale va preceduto dal simbolo del cancelletto (#).
Ad es. esempio:
- color: #FF0000 rappresenta il rosso.
  - color: #AB0000 rappresenta una tonalità rosso
  - color: #FF00FF rappresenta un colore miscelato fra rosso e Blu ma senza verde
- color: #00FF00 rappresenta il verde
- color: #0000FF rappresenta il blu

Notazione RGB semplificata

Molti codici sono rappresentati da valori duplicati, è possibile usare per essi una sintassi abbreviata.
In questo caso i valori per il rosso, verde e blu sono definiti solo dalla prima lettera/numero, perdendo di sfumature.
Non essendo, a volte, realmente distinguibili si tratta di una scelta dell'autore dell'ebook.
Il colore Rosso del primo esempio precedente può essere definito anche così: color: #F00.
Usando questa sintassi il risultato può essere leggermente diverso a livello di tonalità a seconda dei lettori.

Notazione decimale con RGB

Un altro metodo per rappresentare i colori è usare una lista di valori separati da una virgola per ciascuno dei tre colori base del sistema RGB.
Questi valori possono essere espressi in percentuale (da 0% a 100%) in un range che va da 0 a 255 dove 0 è il nero e 255 il bianco.

Riprendendo gli esempi precedenti:
- color: rgb(0%, 0%, 0%); nero
- color: rgb(255%, 255%, 255%); bianco
- color: rgb(255%, 0%, 0%); rosso (come #FF0000).
  - color: rgb(171%, 0%, 0%); una tonalità rosso (come #AB0000)
  - color: rgb(255%, 0%, 255%); colore miscelato fra rosso e Blu ma senza verde (come #FF00FF)
- color: rgb(0%, 255%, 0%); verde (come #00FF00)
- color: rgb(0%, 0%, 255%); blu (come #0000FF)

Nei vari colori, in ciascun elemento possono essere definiti:
- Colore di primo piano
- Colore di sfondo
- Colore del bordo

Nei CSS la proprietà color può definire esclusivamente:
- Colore di primo piano, ovvero quello del testo.
- Colore del bordo di un elemento quando non s'imposti esplicitamente quest'ultimo con le proprietà border o border-color.

Esempi:
```
<style type="text/css">
p {color: black;} /* tutti i paragrafi della pagina avranno il testo in Nero */
div {color: #CC0000;} /* tutti i div della pagina avranno il testo in Rosso */
</style>
```

oppure:

```
<style type="text/css">
body{color: #000;} /* sfondo della pagina in nero*/
p {background-color: rgb(100%, 25%, 25%)} /*sfondo di paragrafo color fuxia*/
p{background-color: rgb(0, 255, 255)} /*sfondo di paragrafo in celeste*/
p{color:#F00; background-color:#0F0; border: 10px solid #0FF;}
/* per cui il paragrafo diviene:
color:#F00; /* testo rosso */
background-color:#0F0; /* sfondo verde */
border: 10px solid #0FF; /* bordo di 10 pixel color fuxia */
</style>
```

CSS esempi d'uso con Sigil

Gli esempi che seguono sono stati testati con Sigil e possono essere utilizzati senza problemi.
Questi esempi sono stati implementati e testati fra i tag <style> </style> di una pagina, ma sulla scorta di quanto descritto nel capitolo Editing con i CSS , non dovrebbero sorgere problemi a utilizzarli con un file CSS esterno alla pagina XHTML.

Tutta la pagina XHTML con fondo grigio, testo in rosso; link in verde, dimensione caratteri all'80%

Per CSS e colori, si veda : "CSS, i colori" , pag.34

```
<style type="text/css">
body {
background-color: #666; // colore di fondo
color: #F00; // colore dei caratteri
a:link {color: #0F0;} // colore dei link
font-size: 80%; // dimensione dei carattteri
</style>
```

Definire testo e titoli con caratteri diversi

Viene definito il testo della pagine in "Georgia", ad eccezione degli elementi h1, i quali saranno in "Helvetica" con caratteri alternativi.
Se Georgia non è disponibile verranno usati Times New Roman o Times o Arial oppure sans-serif.
Il titolo h1 sarà Helvetica e se non disponibile nell'e-reader, Geneva o Arial o sans-serif

```
<style type="text/css">
body {
font-family: Georgia, "Times New Roman",Times, serif; color: purple; background-color: #d8da3d }
h1 {font-family: Helvetica, Geneva, Arial, sans-serif }
</style>
```

link nella pagina con testo e colori personalizzati

```
<style type="text/css">
a {font-family: "Times New Roman", Times, serif; /* titpo di carattere nella pagina */
color: #FF0; /* colore del testo nella pagina */
}
a:active {color: #F00;} /* colore del link attivo */
a:visited {color: #0FF;} /* colore del link visitato */
</style>
```

Pagina XHTML con titolo principale nascosto

Utile per esempio, quando è necessario non far comparire un titolo sulla pagina ma solo nel Sommario.
Tipicamente una pagina che contiene immagine con didascalia uguale al titolo.
Modifiche sulle voci di un elenco e immagini con testo sopra, sotto e a lato.

```
<style type="text/css">
/* Titolo principale nascosto */
.Nascosto{display:none;}
/* Modifica del link negli elenchi */
.Esempio1{font-size:80%}
.Esempio2 a:link{color: #0FF;} /* in elenco link color turchese */
```

/* Immagine a sinistra con testo intorno alla distanza di 15 pixel */
img{float: left; margin:15px;}

/* Immagine a destra con testo intorno alla distanza di 15 pixel */
img{float: right; margin:15px;}

</style>
Codice HTML/CSS e risultato alla lettura dell'ebook
<div class="Nascosto"><h1>Questo è un titolo</h1></div> /* Titolo principale nascosto che nell'ebook è invisibile */

Codice HTML/CSS
```
<ul>
 <li class="Esempio1"><a
href="https://code.google.com/p/sigil/">Link 1</a></li>
 <li class="Esempio2"><a
href="http://it.wikipedia.org/wiki/Sigil_(software)">Link
2</a></li>
</ul>
```

Risultato nell'e-book
/* Modifica del link negli elenchi */

- Link 1
- Link 2

.Esempio1{font-size:80%}
.Esempio2 a:link{color: #0FF;}

Posizionamento di immagini e testo con i CSS

Codice CSS Risultato nell'ebook

Codice CSS

/* Immagine a sinistra con testo intorno alla distanza di 15 pixel */

img{float: left; margin:15px;}

Risultato nell'e-book

tempor lacus. Sed eget turpis sed velit ornar-non, tincidunt arcu. Nam eleifend convallis le orci vel finibus condimentum. Aenean eros nisi, dictum et fa posuere, neque et posuere di lorem augue eu mauris. Etiam nulla, dapibus ullamcorper dui vehicula vitae. nibh ac tempus varius, magna nisl lacinia sap

Codice CSS

/* Immagine a destra con testo intorno alla distanza di 15 pixel */
img{float: right; margin:15px;}

Risultato nell'e-book

tempor lacus. Sed eget turpis sed velit ornar-non, tincidunt arcu. Nam eleifend convallis le orci vel finibus condimentum. Aenean eros nisi, dictum et fa posuere, neque et posuere di lorem augue eu mauris. Etiam nulla, dapibus ullamcorper dui vehicula vitae. nibh ac tempus varius, magna nisl lacinia sap

CSS, elenchi formattati

Gli elenchi possono avere anche molte altre formattazioni.
Supponiamo di avere nella cartella Images questa immagine ●, scaricabile anche a questo indirizzo
http://www.taccetti.net/sigil/PuntoRossoElenco.jpg
e nella pagina XHTML (in vista codice) i comandi di seguito:

```
<style type="text/css">
#ElencoVoci1{list-style-type: lower-alpha;}
#ElencoVoci2{list-style-type: decimal;}
#ElencoVoci3{list-style-type: lower-roman;}
#ElencoVoci4{list-style-type: disc;}
#ElencoVoci5{list-style-image: url(../Images/PuntoRossoElenco.jpg);}
</style>
```

Il comando viene passato facendo riferiento a #ElencoVoci1, #ElencoVoci2 ecc
Il codice è da inserire in un punto a piacere fra i tag <body> ... </body>

Risultato:

Codice CSS	Pagina in Vista Libro	Codice CSS	Pagina in Vista Libro
<ul id="ElencoVoci1"> <li>Voce1</li> <li>Voce2</li> <li>Voce3</li> </ul>	a. Voce1 b. Voce2 c. Voce3	<ul id="ElencoVoci2"> <li>Voce1</li> <li>Voce2</li> <li>Voce3</li> </ul>	1. Voce1 2. Voce2 3. Voce3
Codice CSS <ul id="ElencoVoci3"> <li>Voce1</li> <li>Voce2</li> <li>Voce3</li> </ul>	**Pagina in Vista Libro** i. Voce1 ii. Voce2 iii. Voce3	**Codice CSS** <ul id="ElencoVoci4"> <li>Voce1</li> <li>Voce2</li> <li>Voce3</li> </ul>	**Pagina in Vista Libro** • Voce1 • Voce2 • Voce3
Codice CSS <ul id="ElencoVoci5"> <li>Voce1</li> <li>Voce2</li> <li>Voce3</li> </ul>	**Pagina in Vista Libro** • Voce1 • Voce2 • Voce3		

CSS, elenchi formattati come menù fra pagine

Gli ebook possono avere un sommario con voci e sotto voci estremamente funzionale.
Ovviamente, se ben strutturato da chi ha impaginato l'ebook.
Oltre al sommario (Si veda "Sommario, creazione" pag. 48) c'è la possibilità di implementare collegamenti ipertestuali fra porzioni di testo (parole e frasi) e pagine dell'ebook o pubblicate in Internet. (Si veda "link, creare collegamenti ipertestuali" , Pag. 52).
Usando i CSS con elenchi e collegamenti ipertestuali, è possibile creare accattivanti menù da affiancarsi o sopperire a lacune dei due metodi citati precedentemente.

Degli esempi di seguito descritto è possibile fare il download a questo indirizzo:

http://www.taccetti.net/sigil/

Nel primo esempio un menù orizzontale con 4 pulsanti permette al lettore di saltare fra le pagine.

Per farlo occorre:
1. Un unico file CSS esterno, cioè nella cartella Style.
   In questo caso il suo nome è MenuOrizzontale.css
2. In collegamento a questo file da ogni pagina XHTML dove vogliamo che il menù appaia
3. Un elenco <ul> ... <UL> sempre nelle stesse pagine con link alle pagine obiettivo del collegamento.

1) Codice CSS da inserire nel file MenuOrizzontale.css (nella cartella Style):
```
#MenuPulsuntiOrizzontali li {display: inline;} /* obbliga in orizzontale le voci dell'elenco */
#MenuPulsuntiOrizzontali li a {/* comandi dati alle voci con link ipertestuali */
background-color: orange; /* colore di fondo del pulsante */
color: #FFF; // colore del testo sul pulsante */
padding: 10px 20px; /* spazio da lasciare tra i contenuti e il margine. */
text-decoration: none; /* elimina la sottolineatura del link*/
```

2) Codice da inserire nella pagina XHTML, da collegarle il file MenuOrizzontale.css
`<link href="../Styles/MenuOrizzontale.css" rel="stylesheet" type="text/css" />`

3) Elenco da inserire in ogni pagina dove deve comparire il menu:
```
<ul id="MenuPulsuntiOrizzontali">
<li><a href="../Text/PaginaAlfa.xhtml">Alfa</a></li>
<li><a href="../Text/PaginaBeta.xhtml">Beta</a></li>
<li><a href="../Text/PaginaGamma.xhtml">Gamma</a></li>
<li><a href="../Text/PaginaDelta.xhtml">Delta</a></li>
</ul>
```

Naturalmente il link come `<a href="../Text/PaginaAlfa.xhtml">Alfa</a>` andranno modificati,in Vista Codice, secondo le esigenze.

Sulla scorta di questo è facilmente implementabile il cambio del colore per il pulsante della pagina interessata (quella dov'è avvenuto il salto pagina con il link.)

Sono in PaginaAlfa   Sono in PaginaGamma

I tre punti necessari rimangono gli stessi e nel codice occorrono poche varianti:

1) Codice CSS da inserire nel file MenuOrizzontale.css (nella cartella Style):
lasciare tutto come nell'esempio precedente aggiungendo solo:
```
#MenuPulsuntiOrizzontali li .active{
background-color: #000;
color: #F00;
```

2) Lasciare come al punto 2 precedente

3) Elenco da inserire in ogni pagina nella quale deve comparire il menù:
```
<ul id="MenuPulsuntiOrizzontali">
<li><a class="active" href="../Text/PaginaAlfa.xhtml">Alfa</a></li>
<li><a href="../Text/PaginaBeta.xhtml">Beta</a></li>
<li><a href="../Text/PaginaGamma.xhtml">Gamma</a></li>
<li><a href="../Text/PaginaDelta.xhtml">Delta</a></li>
</ul>
```

Tutto ruota sul comando **class="active"** implementato nel file MenuOrizzontale.
Questo comando lo ritroviamo nell'elenco al punto 3 dove, naturalmente, va inserito
dopo `<a` e prima di `href="` per la voce della pagina che contiene l'elenco/menù.

Se per es. la pagina è PaginaAlfa.xhtml il comando è:
`<li><a class="active" href="../Text/PaginaAlfa.xhtml">Alfa</a></li>`
se invece è la pagina è PaginaGamma.xhtml il comando sarà:
`<li><a class="active" href="../Text/PaginaGamma.xhtml">Alfa</a></li>`
semplicemente inserendo nel punto idoneo il comando: class="active"
Trattandosi di una class, e quindi utilizzabile più volte nella stessa pagina i pulsanti attivi possono apparire/essere anche più di uno.

Per approfondire HTML e CSS consultare le pagine in lingua italiana:
http://www.html.it/guide/guida-html/
http://www.html.it/guide/guida-css-di-base/

Includere caratteri (font) personalizzati

Uno dei vantaggi nell'utilizzo degli e-reader è la possibilità di scegliere un tipo di carattere che si preferisce. Quindi di solito è meglio utilizzare solo i caratteri incorporati per evidenziare specifici tipi di testo come ad es. titoli dei capitoli, citazioni ecc e non per cambiare il tipo di carattere di tutto il libro.
Se però l'autore vuole comunque utilizzare un tipo di carattere (font) particolare è necessario caricarne il file che lo contiene e descriverlo nel progetto, quindi definire uno stile per il carattere, infine applicare lo stile al testo.
Per farlo occorre avere conoscenza dei fogli di stile su come incorporare i font .

Aggiungere font all'ebook

Per aggiungere i font all'ebook utilizzare il pulsante Aggiungi file esistenti .
Verrà visualizzata una finestra di dialogo che consente di selezionare uno o più file dal proprio PC ad esempio Garamond.ttf.
In genere i font sono file con estensione TTF o OTF, in internet se ne trovano di molto belli e gratuiti.
Purtroppo non tutti gli e-reader supportano tutti i formati, quindi è consigliabile testare l'ebook su più dispositivi.
Terminata l'operazione, il nome del file contenente i font sarà visibile nella finestra Navigatore del libro cartella font.

Definire stili per i font

Una volta che i font sono nel file contenitore EPUB, è necessario definire uno stile che li include nelle pagine XHTML.
Aggiungere o aprire un foglio di stile collegato al file XHTML
(Si veda "Editing in Vista Codice" , Pag.30).
Aggiungere una definizione del tipo di carattere, (i nomi dei font sono case-sensitive) ad esempio:
@ Font-face {
font-family: 'Garamond';
font-weight: normal;
font-style: normal;
src: url ('../ Fonts / Garamond.ttf');
}
@ Font-face {
font-family: 'Garamond';
font-weight: bold;
font-style: normal;
src: url ('../ Fonts / Garamond Bold.ttf');
}
@ Font-face {
font-family: 'Garamond;
font-weight: normal;
font-style: italic;
src: url ('../ Fonts / Garamond Italic.ttf')
}

Applicare i font al testo

Per utilizzare il font è necessario creare un altro stile che sarà quindi assegnato alle sezioni del testo.
Così ad esempio, per utilizzare il nuovo font per le intestazioni, definire lo stile per il tag titolo come segue:

h1 { font-family: 'Garamond', serif;}

O per alcuni paragrafi:

p.ParagrafoConFontPersonali { font-family: 'Garamond', serif;font-style: italic;}

Oppure applicare il tipo di carattere all'intera pagina (file XHTML).

body {
font-family: 'Garamond', serif;
font-weight: bold;
}

Obfuscation font

Quando, in un EPUB, si utilizza un carattere il file del carattere può essere estratto da persone non autorizzate e poi utilizzato da altre parti.

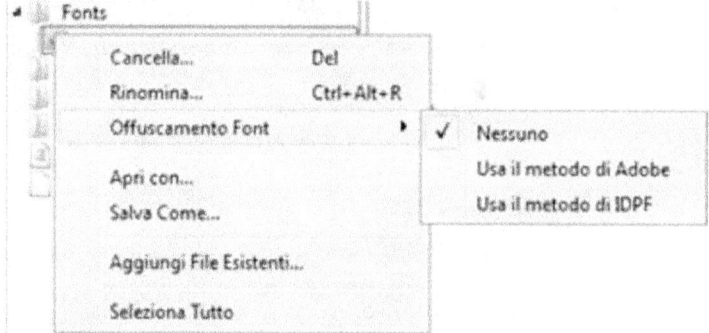

Se i font sono concessi in licenza si consiglia di prendere precauzioni per evitarlo usando l'offuscamento.

Offuscamento non è crittografia, solo modifica il file che descrive il font in modo da renderlo difficile da identificare.
Il file rimane utilizzabile dagli e-reader.

Per utilizzare l'offuscamento dei font, nella finestra Navigatore dei libri, fare click con il pulsante destro del mouse sull'icona dei file dei font e scegliere un metodo per l'offuscamento.

Metadata

Per accedere ai Metadata fare click sul pulsante Editor dei metadati 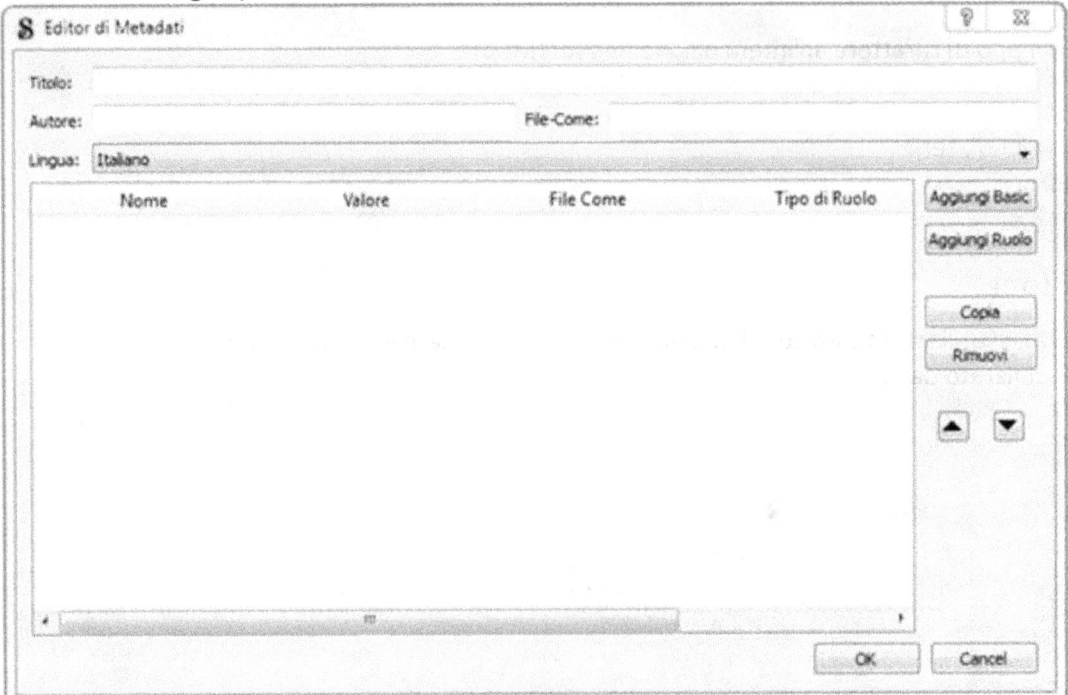 o selezionare la voce di menu Strumenti → Editor dei Metadata.

L'editor dei Metadata permette di aggiungere o modificare specifiche dell'ebook come ad es. Autore, titolo dell'opera, lingua in cui è stata scritta.

Queste informazioni sono il minimo che è obbligatorio includere.

In mancanza anche di uno solo di questi elementi l'ebook non passerà al controllo di validazione (Si veda "Validazione" Pag.65) e non sarà accettato per la pubblicazione.

Queste informazioni possono essere aggiornate/modificate in ogni momento.

L'editor dei Metadata mostra in alto i 3 campi indispensabili ad una futura pubblicazione dell'ebook

- Titolo: Il titolo del libro.
- Autore: L'autore del libro, di solito sotto forma di "Nome Cognome".
  Possono essere inseriti più coautori del libro separandoli con un punto e virgola.
  Ad es. Luigi Rossi; Anna Verdi; Jhon Smith.
- Lingua: La lingua nella quale è stato scritto l'ebook.

Dettagli opzionali

Facendo click sui pulsanti Aggiungi basic o Aggiungi ruolo si espande la finestra Editor dei Metadati rendendo possibile inserire informazioni opzionali.

Una volta che la finestra è stata espansa, risulterà visibile una tabella che elenca tutti gli altri tipi di metadati disponibili all'inserimento.

Questi campi NON sono obbligatori.

Per ogni voce, la tabella consente di fornire molte indicazioni,le più importanti sono:

- Date di pubblicazione, creazione e modifica.
- Descrizione sintetica dell'opera.
- Dettagli sul copyright come Copyright.
- ISBN, (International Standard Book Number).
  Si tratta di numero che identifica a livello internazionale in modo univoco un titolo o un'edizione di un titolo di un determinato editore.
  Oltre a identificare il libro, si attribuisce a tutti quei prodotti creati per essere utilizzati come libro, appunto agli ebook.
  Possono richiederlo: le case editrici e tutti quegli enti/fondazioni pubblici o privati che hanno una produzione editoriale.
- ISSN (International Standard Serial Number), Si tratta del numero internazionale che identifica i periodici, come quotidiani o riviste, a stampa o elettronici, e permette di standardizzare le classificazioni, ad esempio nelle biblioteche.
  In Italia la norma è stata pubblicata come UNI ISO 3297:2010 (Informazione e documentazione - Sistema internazionale unificato per la numerazione delle pubblicazioni in serie).
- DOI (Digital Object Identifier). Si tratta di uno standard che consente l'identificazione all'interno di una rete digitale, di qualsiasi entità che sia oggetto di proprietà intellettuale e di associarvi i relativi dati di riferimento, i metadati, secondo uno schema strutturato ed estensibile.

Oltre a queste sono presentate oltre duecento voci descriventi i vari collaboratori che a vario titolo possono aver partecipato alla stesura dell'opera, da illustratore a titolare del brevetto ecc..

Per le persone coinvolte con il lavoro, lo standard EPUB fornisce vari modi di memorizzazione delle informazioni presenti nei metadati.

Questo influisce sulla ricerca e identificazione di un ebook in archivi elettronici.

Per questa ragione, anche il metodo di scrittura di queste informazioni può avere la sua importanza.

Ad esempio, in ogni campo nel quale è inserito il nome di una persona (es. Illustratore) invece di scrivere Marco Rossi scrivere Marco, Rossi (notare la virgola).

Perché se viene utilizzato Marco Rossi, Sigil memorizza queste informazioni solo come Marco Rossi e nient'altro.

Ma se viene utilizzato Marco, Rossi, (notare la virgola), allora verrà memorizzato in due modi sotto Marco e sotto Rossi rendendo, in un archivio elettronico, più agevole trovarlo.

Copertina dell'ebook

Di solito la prima impressione su di un libro è data dalla sua immagine di copertina.

Ma ci sono alcune differenze nel modo con il quale la copertina anteriore è utilizzata nei vari dispositivi software ed e-read.

Naturalmente la prima cosa da preparare è un file grafico.

Se si effettua una versione ebook di un libro cartaceo pre-esistente, di solito questo sarà un pò più alto e stretto del display di un e-reader; è però consigliabile la stessa immagine di copertina adattandola, per quanto possibile alle dimensioni ottimali per gli e-reader.

Una dimensione popolare per i libri di stampa è 129 × 198 millimetri che scala a 800 × 521 pixel, mentre per gli e-reader è di 800 × 600 pixel.

Anche se molti e-reader sono ancora (anno 2015) equipaggiati con display in bianco e nero la tendenza è verso il colore, ad es. l'iPad e il Kindle utilizzano entrambi il colore.

Quindi, per assicurarsi che l'immagine di copertina sia visualizzata nella migliore risoluzione possibile, utilizzare file a colori con dimensione di 800 × 600 (espressa in pixel).

La dimensione di 600 x 800 pixel è stata sempre considerata ottimale, ma i nuovi e-reader tendono ad essere più alti e più stretti rispetto ai loro predecessori.

Pertanto, anche usare immagini di 600 x 900 pixel può andare bene.

L'immagine di copertina dovrebbe riempire piccoli schermi senza essere ritagliata.

Per cercare di ovviare a questo inconveniente è possibile dare all'immagine di copertina un id o class e aggiungere un comando di stile per l'auto-ridimensionamento su schermi di piccole dimensioni.

Se l'immagine ha un id="ImmaCopertina" la dichiarazione CSS sarebbe simile a questa:

\# ImmaCopertina{max-width: 100%;} (Si veda "Editing con CSS", Pag.34)

In ogni caso, Sigil adatterà il file immagine per essere utilizzato come copertina anche se potrebbero esserci distorsioni e abbassamento della qualità.

Per aggiungere la copertina, selezionare la voce di menù Strumenti --> Aggiungi Copertina.

Si aprirà la finestra Aggiungi copertina, mostrando un elenco d'immagini già caricate nel file EPUB perché

per copertina è possibile usare anche un'immagine già impiegata in una pagina dell'ebook.

Se l'immagine che si desidera utilizzare per copertina non è fra quelle, è possibile caricarla dal proprio PC facendo click sul pulsante Altri file... e navigare sul proprio PC fino a individuarla.

Una volta trovata, selezionarla e fare click sul pulsante Apri, il file immagine sarà copiato nel contenitore EPUB e inserito nella cartella Images.

Occorre fare attenzione ad un eventuale conflitto di nomi, cioè se l'immagine caricata ha lo stesso nome di una già presente nel file EPUB, quest'ultima verrà sostituita ed il file XHTML che la visualizza nell'ebook mostrerà l'immagine caricata per ultima.

Alla scelta del file da utilizzare, Sigil compie in modo automatico tutte le operazioni necessarie apportando le seguenti modifiche:

- Crea un file cover.xhtml, se non esiste verrà utilizzato il file esistente modificandone il contenuto. Se è presente un altro file con una semantica di copertura, userà quel file.
- Inserisce il codice HTML necessario per visualizzare e ridimensionare l'immagine in file HTML.
- Contrassegna il file HTML per la copertina con la semantica necessaria.
- Contrassegna il file immagine con la semantica necessaria.

Sommario e Indice

Indice e sommario hanno certamente delle analogie ed a volte vengono perfino confusi tra loro.
In realtà sono delle sezioni ben distinte e nel caso degli ebook con alcune peculiarità.

Sommario

Nell'uso di un software di videoscrittura, ed anche Sigil lo è, il testo di un sommario si crea scegliendo gli stili dei titoli secondo la loro importanza Titolo 1, Titolo 2 e Titolo 3, che si desidera includere.
Per esempio Titolo 1 è assegnato ai capitoli, Titolo 2 ai paragrafi, Titolo 3 commi e cosi via secondo la loro importanza.
Dopo l'individuazione dei titoli il testo scelto verrà formattato in base allo stile grafico del documento e il sommario, previo comando del software, viene inserito nel documento.
In Sigil il comando è Strumenti -> Tavola dei contenuti (TOC) ->Genera tavola dei comtenuti (TOC)
Alla lettura, il sommario è un elenco schematico degli argomenti trattati in un libro.
In gergo il sommario è detto anche borsalino ed ha il compito di dare al lettore un'idea generale del contenuto di un'opera.
Poiché nella scelta dei titoli, per ciascuno di essi, non c'è limite alla lunghezza e quantità delle frasi, che titoli scelti possono essere esclusi dal sommario e parti del testo non scelto come titolo può essere fatto comparire la varietà risultante è enorme.
Il sommario può divenire essere un elenco dei titoli principali del libro o un riassunto per sommi capi della pubblicazione stessa fino a divenire un breve compendio degli argomenti trattati in un libro ecc.; tutto dipende dalla scelta dell'autore nel marcare i titoli.
Nel caso degli ebook, raccomandiamo titoli brevi e non più di tre livelli (Titolo1, Titoloi2, Titolo3).
Questo elenco sarà sempre richiamabile da qualunque punto del testo ci si trovi, mostrando l'elenco dei titoli di livello 1.
Allo sfiorare di una voce, questa si espanderà mostrando gli eventuali sottolivelli ed al click con un dito avverrà il salto immediato alla pagina corrispondente alla voce del sommario.
(Si veda "Sommario, creazione" , Pag. 48)

Indice

L'indice è un elenco i termini e argomenti trattati in un documento accompagnati dai numeri di pagina dove ciascun termine compare. Di solito vengono marcate le parole o frasi più rilevanti fra i termini e gli argomenti trattati. Delle parole scelte possono essere usate tutte le occorrenze oppure solo quella marcata.
La ragione di questa possibilità è facilmente intuibile perché ad es. cognomi possono essere anche aggettivi o indicare luoghi geografici ed il software non saprebbe distinguerli.
A discrezione dell'autore l'indice può anche essere suddiviso in sezioni più o meno dettagliate.
Per creare un indice, è innanzitutto necessario segnare le voci che si desidera inserirvi.
Per segnare una voce si intende evidenziarla e poi tramite un pulsante od un comando informare il software di aggiungerla, ed anche in Sigil è così.
Oltre all'indice dei titoli, possono esservi anche un indice delle illustrazioni oppure delle tabelle e dei grafici.
Una volta terminata la scelta dei termini, con apposito comando, il software crea l'elenco che in genere vien posto oltre l'ultima pagina dell'ebook vero e proprio. Al click su di un numero di fianco ad una voce avverrà il salto immediato alla pagina corrispondente alla voce.

Sommario, creazione

Se all'interno della finestra Navigatore di libri --> Text è stato caricato un solo file XHTML, questo significa che tutto il testo e capitoli sono in un unico file di grandi dimensioni.

Questo non è di per se un errore, ma la pratica standard ebook è quella di mettere ogni capitolo in un file XHTML separato.

Le ragioni sono molteplici, ad es. alcuni e-reader mostrano più velocemente le pagine quando vengono sfogliate, inoltre, e per la maggior parte degli e-reader avere più file XHTML significa che i capitoli iniziano sempre su una nuova pagina.

Da non sottovalutare che avere più file XHTML è anche più pratico qualora si intenda modificare il contenuto dell'ebook che state scrivendo.

Qualora si abbia, per una qualsiasi ragione, un file XHTML unico, il modo più semplice per dividerlo in file separati è posizionare il cursore subito prima dell'inizio di un capitolo e utilizzare il pulsante Dividi al cursore . Dopo la divisione, il file sarà troncato al punto dove si trovava il cursore, mentre avremo un nuovo file "Section0001.html" (o simile se già esiste con questo nome) che conterrà la parte troncata.

Identificare i capitoli e sommario

Gli ebook possono fornire un sommario dei contenuti del libro (TOC cioè Table of Contents).

Per la creazione di un indice dei titoli usato nel testo, cioè del Sommario, Sigil segue la prassi standard dei software di video scrittura.

Sigil dispone di sei pulsanti utili a determinare livello di importanza per titoli, sottotitoli, sezioni ecc. ed infine paragrafi che non rientrano nel TOC.

Normalmente tre livelli di titoli sono sufficienti.

Ad esempio se le voci utilizzate nel libro sono nel livello 1 2 3 3 1 2 2 3 (ogni numero corrisponde al livello di un titolo), nel sommario saranno ordinate così:

Titolo 1
    Titolo 2
        Titolo 3
        Titolo 3
Titolo 1
    Titolo 2
    Titolo 2
        Titolo 3

Per farlo basta evidenziare il testo corrispondente al titolo del capitolo e premere uno dei pulsanti h1... h6 della barra degli strumenti.

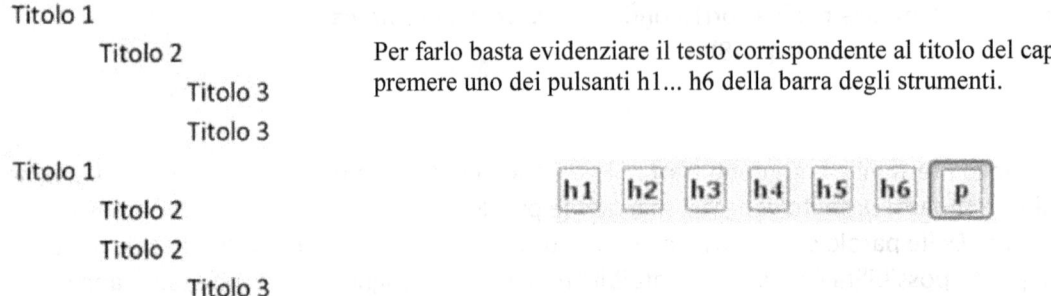

Nel caso si voglia eliminare un titolo pur facendo rimanere il suo testo nella pagina, basta evidenziarlo premendo il pulsante P trasformandolo in un paragrafo.

Sulla scorta di queste informazioni Sigil formatterà il testo mettendo in evidenza il livello di titolo.

Una volta completate queste operazioni, ma se necessario anche durante la stesura dell'ebook, per valutarne il risultato fare click Sulla voce:

Strumenti-->Tavola dei contenuti (TOC) --> Genera Tavola dei Contenuti (TOC)

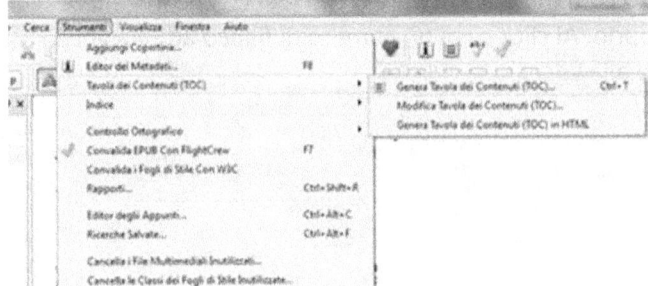

Si aprirà la finestra Genera Tavola dei Contenuti (TOC)

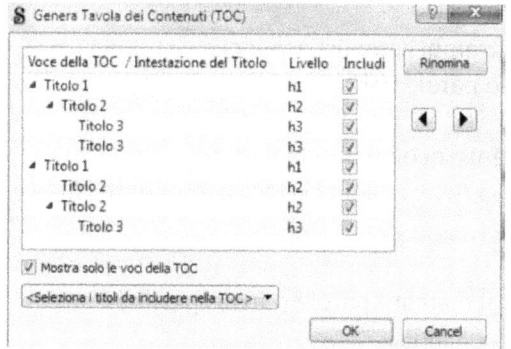

In questa finestra, facendo click sulle varie parti è possibile cambiare il nome dei titoli, il livello, o escluderli dal Sommario pur lasciando immutate le pagine che li contengono.

Quando tutto è di gradimento dell'autore fare click sul pulsante OK e il sommario verrà generato.

Se è la prima volta che TOC è stato generato, nel Navigatore dei libri sarà visibile un nuovo file dal nome toc.ncx che contiene i dati.

Questa operazione è ripetibile ogni volta si desidera rielaborare/modificare TOC.

Subito al di sotto della voce Strumenti-->Tavola dei contenuti (TOC) --> Genera Tavola dei Contenuti (TOC) si trova l'opzione:

Strumenti-->Tavola dei contenuti (TOC) --> Modifica Tavola dei Contenuti (TOC)

Permette di fare praticamente le stesse modifiche già possibili della finestra precedente ma solo su di un Sommario già esistente.

Più interessante è l'opzione al di sotto di questa:

Strumenti-->Tavola dei contenuti (TOC) --> Modifica Tavola dei Contenuti (TOC) in HTML

Permette di creare una pagina HTML con le voci del sommario.

Le voci sono già formattate con link ipertestuali che per ciascun titolo rimandano alle rispettive pagine.

Questi titoli del sommario possono anche usati come target (Obiettivi) di link ipertestuali dispondo gia di un priprio ID/acoraggio (Si veda "link, creare collegamenti ipertestuali" , Pag. 52).

Questa pagina può essere modificata a piacimento senza incidere sul sommario standard di Sigil.

Si presta, per es. alla creazione di sotto sommari per ebook molto voluminosi, o ad essere manipolata con i CSS per creare dei menù interni. (Si veda "CSS, elenchi formattati", Pag.39)

Usi avanzati

Nel sommario potrebbe essere necessario mostrare un testo diverso da quello presente nella pagina.

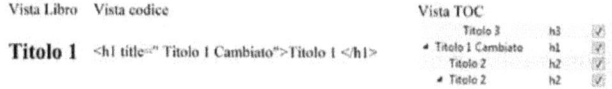

Questo si può facilmente realizzare con title da inserire fra i tag <h1> </h1>, o qualsiasi altro livello di titolo.

L'attributo title dovrà contenere il testo alternativo da utilizzare per il TOC.

Questa funzionalità può essere utilizzata anche per avere voci di sommario che però nel testo hanno immagini:

<title h1 = "Testo in TOC"> <img src = "..Images/NomeImmagine.png" /> </ h1>

Unire file XHTML

Può capitare di dividere erroneamente un file XHTML in due parti, oppure avere a disposizione da un'importazione più file che dovrebbero far parte di uno stesso capitolo.

Se si desidera combinare due o più file in un unico file XHTML è possibile utilizzare il comando Unione.

Questa operazione deve essere effettuata nella finestra Navigatore dei libri, cartella Text selezionando i file che si vuole unire.

- Nel caso siano adiacenti, sulla tastiera occorre tenere premuto il tasto Maiuscolo e fare click sulla prima e poi sull'ultima icona dei file da unire.
  Tutti i file saranno evidenziati.
- Nel caso non siano adiacenti occorre tenere premuto il tasto CTRL e fare click su ciascuno file che si evidenzierà.

Terminata la scelta fare click con il pulsante destro del mouse su un qualsiasi dei file evidenziati, dal menù contestuale selezionare la voce menù Unione.L'operazione è irreversibile, premere OK per attuarla.

Indice, creazione

Se si desidera creare un indice per l'ebook, Sigil ha due metodi entrambi semplici e veloci.

1. Marcare voci per l'indicizzazione, contrassegnando singole parole nel testo.
   In questo modo Sigil viene istruito su quali valersi.
2. Utilizzare Editor dell'Indice per indicizzare tutte le occorrenze di ogni parola scelta.

Qualunque metodo venga usato, Sigil creerà automaticamente una nuova pagina HTML contenente l'indice.

Marcare voci per l'Indice

Il primo metodo per identificare le voci da includere nell'indice è di marcare parole o frasi specifiche.

Solo l'occorrenza della parola o frase contrassegnata sarà inclusa nell'indice.

Con questo metodo parole uguali potranno essere inserite o escluse nell'indice.

Per utilizzarlo, evidenziare una parola o una frase quindi selezionare la voce di menù:

Strumenti → Indice → Seleziona per l'indice o la scorciatoia di tastiera CTRL+SHIFT+X.

Questo farà aprire un prompt per l'inserimento della parola nell'indice, nell'esempio la parola donna.

Queste sono le opzioni per creare l'indice con queste opzioni che è possibile aggiungere:

- [Blank]: Se si lascia il nome vuoto, le parole esatte evidenziate saranno utilizzate nell'indice.
- word: Se si inserisce una parola o una frase, quella parola o frase verrà utilizzata.
- heading/words: Se si utilizza un "/" nel nome allora verrà creato un gruppo gerarchico.
- entrya; entryb: Se si utilizza un ; verranno create più voci per questa parola o frase.

Quando si contrassegna il testo per l'indicizzazione, Sigil aggiunge del codice HTML specifico.

In Vista Codice potrebbe apparire come segue:

`<a class="sigil_index_marker" title="donna">donna</a>`

Se non si desidera indicizzare più di una parola o frase, è necessario eliminare i particolari tag HTML intorno alla parola/frase.

Per trovare le parole indicizzate è possibile utilizzare la Vista Codice.

Oppure è possibile evidenziare il colore aggiungendo temporaneamente il seguente codice CSS ad un foglio stile collegato alle pagine:

`[Class = "sigil_index_marker"] {color: #FF0000; }`

In questo caso le parole indicizzate saranno in rosso.

(Si veda "Editing con CSS", Pag.34)

Utilizzare Editor dell'Indice

Questo metodo, più intuitivo, consiste nell'inserire nell'indice tutte le parole che si desidera e in qualsiasi punto del libro si trovino.

Per farlo occorre evidenziare le parole da inserire, ma solo un'occorrenza per ciascuna dei esse.

Il sistema è case-sensitive, questo vuol dire che le parole donna e Donna per il sistema sono due parole diverse.

Per esempio, poniamo che si voglia inserire nell'indice le parole uomo, donna, ragazzo che si trovano nell'ebook sparse in decine di pagine.

Occorre evidenziare una qualsiasi parola uomo, quindi dal menù selezionare:

Strumenti → Indice → Aggiungi all'Editor dell'Indice.

si aprirà la finestra Editor dell'Indice dove la parola dovrebbe essere già presente.

Fare click su Salva e poi su Close.

La parola verrà aggiunta alla lista sulla quale verrà creato l'indice.

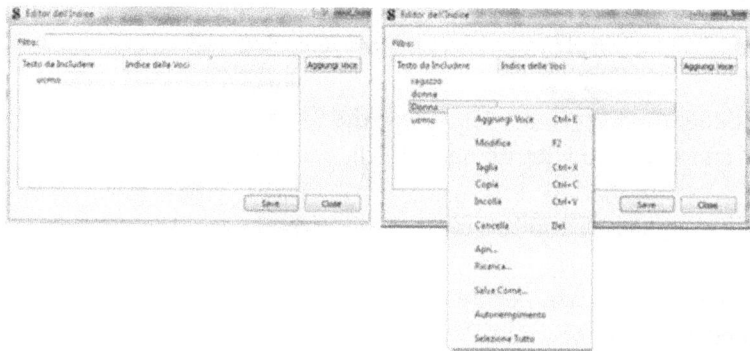

Quindi ripetere le stesse azioni per le parole donna e ragazzo.

Nella stessa finestra facendo click con il pulsante destro del mouse su di una parola, dell'elenco appare un menù contestuale.
Da questo menù è possibile agire sulle varie voci come selezionare, modificare, eliminare ecc.

Indice Editor manuale

Per aprire l'indice Editor selezionare la voce di menu Strumenti → Indice → Editor dell'indice..
Qui è possibile digitare parole o frasi da includere nell'indice o eliminarne di esistenti.

Creare l'Indice

I due metodi descritti non sono alternativi fra loro; per esempio, dopo aver selezionato le tre parole uomo, donna, ragazzo inserendole nell'Editor dell'Indice, è possibile selezionare la parola famiglia in una determinata pagina e poi selezionare:
Strumenti → Indice → Seleziona per l'indice
utilizzando il metodo che marca singole voci per l'indicizzazione.
Alla creazione dell'indice, mentre le parole uomo, donna, ragazzo saranno affiancate da una lista di numeri che rimandano ad ogni occorrenza di ciascuna di loro, la parola famiglia sarà presente una volta sola, e

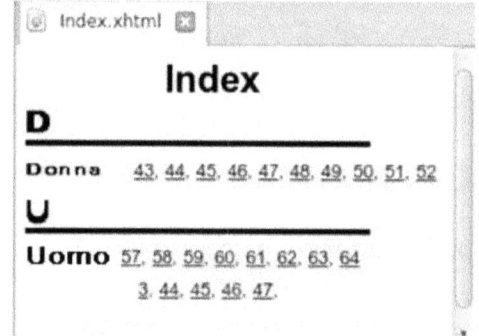

rimanderà alla pagina dove è stata selezionata e marcata per l'indice.
Per creare effettivamente l'indice dopo aver segnato le parole e/o averle aggiunte alla lista è sufficiente selezionare la voce di menù Strumenti → Indice → Crea Indice.
Questo creerà o aggiornerà una pagina HTML dal nome index.xhtml.
Esso sarà segnato con il tipo semantico "Index".
Le voci saranno elencate in ordine alfabetico, se viene utilizzato il metodo di default sarà simile a questo.

La pagina index.xhtml è modificabile come qualsiasi altra pagina XHTML, ma se l'indice viene ricreato con uno dei metodi descritti, le modifiche andranno perdute.

Indice Personalizzato con foglio di stile

Per formattare l'indice contenuto nella pagina index.xhtml, Sigil utilizza un file CSS esterno il cui nome è sgc-index.css. (Si veda "Panoramica file di sistema", Pag.62).
Questo file viene scritto da Sigil alla creazione del primo indice.
Se l'indice dovrà essere ricreato e il file è già presente Sigil non lo sovrascriverà.
Questo è dovuto al fatto che potrebbero essere state fatte delle modifiche al file sgc-index.css cambiando il layout della pagina indice.
Sigil, non sovrascrivendo sgc-index.css salvaguarda eventuali modifiche e personalizzazioni.
Se le personalizzazioni non sono più opportune, può talvolta essere necessario cancellare il file sgc-index.css per apportare modifiche di layout partendo da un file CSS di default.
Può essere fatto tranquillamente, non creerà nessun problema a Sigil.

link, creare collegamenti ipertestuali

Sigil permette di creare facilmente link ipertestuali da parole nel testo ad altre parti dell'ebook, pagine, paragrafi ed anche a Internet.

Usando i CSS è possibile far risaltare i link abbellendoli con colori. (Si veda "Editing con CSS", Pag.34)

Da un punto di vista tecnico, la pagina visualizzata quando l'utente ha fatto click su di un link, è definita target, (obiettivo) del link.

Fare un link da una qualsiasi parola o frase ad una pagina è molto semplice, ed in modo generico occorre agire come di seguito:

- Evidenziare la parola/o frase che deve essere la parte visibile del link,
  (quella che, a operazione conclusa, abitualmente appare sottolineata.)
- Fare click sull'icona "Inserisci link ipertestuale"

  ⊖-⊖

- Si aprirà una finestra contenete le pagine dell'ebook.
  Nell'esempio le pagine : f46-corta, h60-corta, u183#h60

- Selezionare una pagina come target del link.
- Nella casella Obiettivo apparirà il nome di quella pagina.
- Fare click sul pulsante OK

Una volta terminata l'operazione, al click sul link, il lettore vedrà apparire sotto i suoi occhi la pagina Obiettivo.

Questo metodo, già definito generico, ha alcune sfumature descritte di seguito.

link a paragrafi

Se invece di un link all'inizio di una pagina, occorre creare un link ad un paragrafo o parola che si trova, per esempio, alla fine della pagina target (Obiettivo), occorre egire così:

Supponiamo che nel testo di una pagina ci sia la parola Fiaccola e che da questa si voglia creare un link ad un'altra pagina nel cui corpo c'è il paragrafo "Fiaccola".

Occorre fare in modo che il target (Obiettivo) del link non sia più l'inizio della pagina ma un punto al suo interno, come un'ancora che si incastra fra gli scogli, in questo caso al paragrafo "Fiaccola".

Per questa ragione è necessario valersi di un **ancoraggio** all'interno della pagina target (Obiettivo).

Ancoraggio (ID)

Per definire l'ancoraggio, cioè il target di un collegamento, è necessario che esso abbia un nome che lo contraddistingua in modo univoco all'interno della pagina.
Questo punto/target viene creato definendo un ID all'interno della pagina.

Gli ID devono avere queste caratteristiche:
- Ogni ID deve essere unico all'interno dello stesso file XHTML.
  Buona norma è che siano unici in tutto l'ebook.
  Non tanto per Sigil, ma per evitare errori umani quando vengono scelti come target.
- Nomi degli ID possono contenere lettere e numeri ma non spazi.
- Devono iniziare con una lettera

Nella pagina, in Vista Codice, gli id hanno il tag HTML ("a") di cui questo è un esempio:
`<a id="LinkSuFiaccola">Fiaccola</a>`

Creare un ID (ancoraggio)

Per creare un ID di ancoraggio, nella pagina che contiene il paragrafo target, selezionare il paragrafo o la parola (ad esempio la parola iniziale del paragrafo Fiaccola) e fare clic sul pulsante Inserisci ID. ⚓
Si aprirà la finestra di dialogo Inserisci ID, dove è possibile digitarne il nome, per es. digitate: LinkSuFiaccola.

In Vista Libro, non sarà visibile nulla, ma in Vista Codice sarà possibile vedere qualcosa simile a questo:
`<a id="LinkSuFiaccola">Fiaccola</a>`
In una pagina HTML possono esserci quanti ancoraggi si desidera purché con nomi diversi.

Rimuovere un ID (ancoraggio)

Qualora sia necessario rimuovere un ancoraggio è necessario utilizzare la Vista Codice e cancellare tutto quello che si trova fra < e >
Considerando l'esempio precedente, rimuovere `<a id="LinkSuFiaccola">` e `</a>`

Creare un link ⚭ ad un ancoraggio o ID di Titoli

Un collegamento a un ID è simile alla creazione di un link ad inizio di altra pagina.

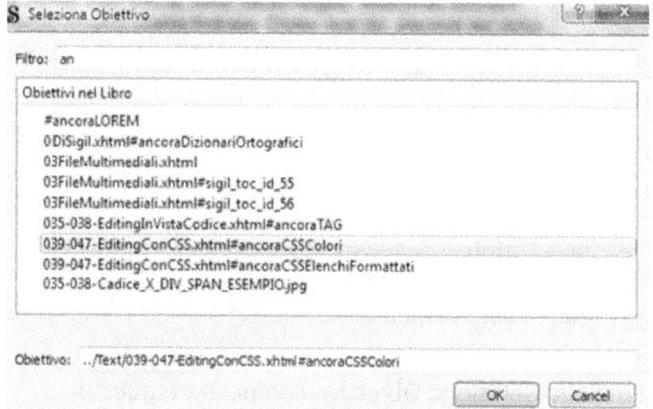

Come di consueto, selezionare del testo da utilizzare per il collegamento, evidenziarlo e fare clic sul pulsante Inserisci collegamento
Si aprirà la finestra di dialogo Seleziona Obiettivo che mostra le pagine e gli ID dell'ebook.
Rispetto all'esempio precedente, in questa finestra si noteranno un certo numero di differenze.

Altre alle ancore ⚓ inserite dello scrittore, questa lista è formata in modo automatico da Sigil, il quale si occupa anche di aggiornarla in funzione delle operazioni che l'autore compie.

In alto, dopo la parola Filtro, è possibile digitare del testo in modo da filtrare solo i possibili target che contengono le parole inserite.
In questo caso la parola "an".
Subuto al di sotto i possibili obiettivi del link, in questo esempio, quegli che contengono al parola "an"

Notare che ogni possibile obiettivo ha il simbolo #, la sua posizione permette di distinguere il tipo di Obiettivo.

Facendo riferimento alla figura dell'esempio il significato dei simboli # è:

- **#ancoraLOREM**, Obiettivo all'interno della stessa pagina dove viene costruito il link
- **0DiSigilxhtml#ancoraDizionariOrtografici**, Obiettovo è l'ancoraggio ancoraDizionariOrtografici all'interno della pagina 0DiSigilxhtml
- **03FileMultimediali.xhtml**, Obiettovo è la pagina 03FileMultimediali.xhtml che sarà visualizzata aldalal prima riga.
- **03FileMultimediali.xhtml#sigil_toc_id_55**, Obiettivo è il sottotitolo (<h1>titolo</h1>.....<h6>titolo</h6>) al quale Sigil ha assegnato l'ID **sigil_toc_id_55** che si trova all'interno della pagina 03FileMultimediali.xhtml
- **035-038-EditingInVistaCodice.xhtml#ancoraTAG**, OBiettivo è l'ancoraggio definito dallo scrittore con ID **ancoraTAG** all'interno delal pagina 035-038-EditingInVistaCodice.xhtml
- **039-047-EdidingConCSS.xhtml#ancoraCSSColori**, Obiettivo è l'ancoraggio definito dallo scrittore con ID **ancoraCSSColori** all'interno delal pagina 039-047-EdidingConCSS.xhtml. In questo esempio è selezioanto e per quest aragioen si vede anche nella casella Obiettivo.
- **035-038-Cadice_X_DIV_SPAN_ESEMPIO.jpg**, Obiettivo è l'immagine 035-038-Cadice_X_DIV_SPAN_ESEMPIO.jpg, si capiesce che si tratte di un'immagine deall'estensione del file che è jpg

Una volta selezionato l'obiettivo, fare click sul pulsante OK, Il tipo di link o ancoraggio, Sigil lo capirà dalla struttura.

Creare un link ad un indirizzo Internet

Un collegamento a una pagina Internet è simile alla creazione di un link ad inizio di altra pagina dell'ebook. Come di consueto, selezionare del testo da utilizzare per il collegamento evidenziandolo, e fare clic sul pulsante Inserisci collegamento .

Si aprirà la finestra di dialogo Seleziona Obiettivo che mostra le pagine gli ID dell'ebook che è possibile collegare.

A questo punto nella casella Obiettivo scrivere o copincollare dalla barra de browser l'indirizzo target e premere su OK.

Nel caso si conosca un punto di ancoraggio all'interno di una pagina Internet, è possibile creare il link anche a quello.

Supponendo che l'ancoraggio all'interno della pagina Internet abbia per nome "Paragrafo3" scrivere:

http://www.nomesito/nomepagina.html#Paragrafo3

Creare un link ad un video YouTube

Per costruire il link occorre prelevare il codice di condivisione fornito da YouTube.

Il video impiegato in questo esempio concerne la partita del Calcio Storico fiorentino del 2011 Bianchi vs Rossi del 18 giugno 2011.

Il video è visibile all'indirizzo: https://www.youtube.com/watch?feature=player_embedded&v=1yZIJSKQS_8

Nella pagina YouTube del video fare click su condividi, verrà mostrato un indirizzo web per la condivisione, per questo video che è:

http://youtu.be/1yZIJSKQS_8

Sulla scorta dell'esempio precedente, nella finestra di dialogo Seleziona Obiettivo copincollare questo indirizzo nella casella Obiettivo e premere OK.

Come è fatto un link

Il link dell'esempio precedente, in Vista Codice si presenta così:
```
<p>
<a href=" http://youtu.be/1yZIJSKQS_8 ">Click qui</a> per andare alla pagina web con il video
</p>
```
ed il Vista pagina così:

Click qui per andare alla pagina web con il video

Ogni tag ha una sua funzione e cioè:
- <p> : inizio del paragrafo in codice HTML
- <a href="http://youtu.be/1yZIJSKQS_8"> : parte iniziale del link con target dove
    -
        - <a href=" : parte iniziale che racchiude l'indirizzo del target
        - http://youtu.be/1yZIJSKQS_8 : target vero e proprio
        - > : parte finale che racchiude l'indirizzo del target
- Click qui : Testo attivo e visibile per poter essere cliccato
- </a> fine del link
-   : spazio in formato HTML
- per andare alla pagina web con il video : testo visibile non cliccabile
- </p> : fine del paragrafo in codice HTML

Ogni pagina o ancoraggio possono essere il target di quanti link si desidera, ma ogni link può saltare solo ad una sola pagina o ancoraggio.

Come è fatto il collegamento file immagine/pagina XHTML

In Vista Codice il collegamento di un file immagine a una pagina XHTML si presenta così:
```
<p>
<img alt="ai2_1.495" src="../Images/immagine.jpg"/>
</p>
```

L'immagine il cui nome è:
immagine.jpg
risulta visibile nella pagina HTML che contiene questo link.

Descrizione delle parti:
- <p> : inizio del paragrafo in codice HTML
- <img : tag HTML che definisce un'immagine
- alt="immagine " : Specifica un testo alternativo per le immagini
- src="../Images/immagine.jpg" : specifia il percorso dell'immagine ed il nome del file che la contiene. Notare la parte ../Images/ significa che l'immagine si trova nella cartella Images.
- /> : tag di chiusura di <img
- </p> : fine del paragrafo in codice HTML

Tecniche di impaginazione

A questo punto dovrebbe apparire trasparente che un ebook non è un libro di carta trasformato o manipolato per essere letto con un e-reader.

Sicuramente il libro cartaceo, per moltissimi lettori, è un oggetto di grande valore.

Molti amano riservare del tempo per dedicarsi alla lettura e desiderano poterlo sfogliare, perfino sentire l'odore della copertina, riconoscere un paragrafo da una pagina piegata, dalle parole stampate.

Ma a rendere gli ebook, per adesso, non abbastanza competitivi non è questo, piuttosto la mancanza di qualità che gli ebook normalmente hanno, e non per colpa degli strumenti di editing, che esistono.

Sicuramente acquistare ebook è meno costoso di un libro cartaceo, può essere letto anche al buio, o quasi. I libri contenuti in un e-reader non occupano praticamente spazio significativo, un e-reader ne può contenere centinaia o migliaia.

Anche se molti lettori amano, giustamente, le proprie piccole biblioteche cartacee i cui libri hanno una grande molteplicità di formati, dimensioni e caratteri, queste raccolte di libri non possono competere in quantità di volumi con un solo e-reader.

A favore dell'ebook c'è che nell'e-reader i caratteri possono essere ingranditi, il testo può essere letto da un sintetizzatore vocale e, scusate se è ancora poco, parti ritenute interessanti memorizzate a parte, inviate per e-mail; ricercare definizioni o etimologia delle parole...... insomma, un'altro modo di leggere, di fruire del patrimonio di conoscenza custodito nei libri.

Una differenza enorme molto più ampia di quella che a suo tempo ci fu fra le prime macchine per scrivere e chi, scrivendo in bella calligrafia (che non molti avevano), si ostinava a vivere nel caro mondo antico.

Volendo fare un paragone è come andare in bicicletta e in automobile, con un po' di perseveranza e tempo a disposizione si può andare negli stessi posti (o quasi) anche se con enormi differenze.

Pur vero che una bicicletta (come un libro cartaceo) ha in se tutto l'occorrente per essere mossa, basta spingere sui pedali, mentre l'auto ha necessità del carburante come l'e-reader ha necessità della corrente, ma a quando un e-reader con celle fotovoltaiche per non fermarsi mai?

Testo e immagini

Da come si evince chiaramente dopo avere utilizzato Sigil, un file EPUB è sostanzialmente una raccolta di pagine web in formato XHTML supportato da parti, interne o esterne di CSS (ma non obbligatoriamente).

Nel renderizzare le pagine XHTML (processo di generazione) i diversi e-reader hanno metodi e parametri diversi dovuti a scelte dalle case costruttrici o alla versione del software di corredo.

Ad esempio, solo per citare i più noti Kindle di Amazon ed iBooks per iPad, alla lettura di uno stesso ebook di solito non mostrano lo stesso identico risultato di layout ma simile.

Oltretutto, va tenuto ben presente che le pagine HTML di un ebook, lette con gli e-reader non si comportano come pagine web normali, cioè come lette su di un sito web con browser che può essere Chrome, Safari o Explorer.

Con un browser le pagine web si visualizzano in una finestra su di un monitor, nel caso siano più lunghe dell'altezza del monitor compaiono barre laterali (a volte anche orizzontali se la pagina è troppo larga) e l'utente/lettore può scorrere su e giù per la pagina fino ai punti non visibili.

Molto diversa la situazione con un e-reader, esso mostra ciascuna pagina con limiti ben definiti, che non si possono scorrere, ma sfogliare, per accedere alla successiva o precedente parte del testo.

Oltre a questo gli e-reader hanno dimensioni diverse, per questa ragione la quantità di testo, in una "stessa pagina" può non essere uguale se vista su e-reader diversi e talvolta nemmeno su e-reader uguali ma con lettori software diversi.

Si tratta di un aspetto da tenere ben presente anche perché oltre le pagine, anche i caratteri (font) possono variare di dimensioni.

Ad es. l'utente può leggere con l'e-reader in verticale, una pagina alla volta, o con l'e-reader orizzontale (due pagine affiancate) e con dimensioni dei caratteri più diverse.

Per queste ragioni il testo è "fluido" tanto che molti lettori software non specificano il numero di pagina sul quale il lettore si trova, ma la percentuale del libro sfogliato.

Un ulteriore aspetto da considerare è quando, nella pagina sono presenti delle immagini.

In questo caso occorre decidere se inserirle interrompendo il testo, poi collocare l'immagine e subito dopo continuare con il testo, oppure se il testo debba avvolgere le immagini (sopra, di lato e sotto) utilizzando tecniche CSS.

Nel secondo caso, di solito le pagine sono più gradevoli, ma molto dipende dal risalto ci si vuole dare alle varie parti del brano.

Alcune guide consigliano di inserire immagini molto grandi, addirittura il più grande possibile, perché quando l'e-reader impagina il libro, rileva la dimensione, e lo spazio rimanente nella pagina corrente e su questi parametri "decide" di quanto scalare l'immagine per farla entrare nello spazio disponibile.

In realtà, pur essendo vere queste affermazioni, tutto dipende da cosa e come si vuole mostrare l'immagine al lettore e, non ultimo, di quanto peserà in termini di Kb, l'ebook al suo download.

In ogni caso, negli ebook il testo è "fluido" ed occupa lo spazio che ha disponibile sia con pagine senza immagini che con immagini, debordando, se necessario, a nuova pagina da sfogliare.

Tabelle

Sulle pagine HTML può essere necessario inserire dati tabellari, in questo contesto non interessa il contenuto delle tabelle.

Purtroppo diversi dispositivi di lettura non interpretano correttamente i tag che esprimono tabelle e potrebbero restituire risultati non soddisfacenti.

Per es. l tag seguenti esprimono una tabella larga il 100% del suo contenitore.

La tabella ha 2 linee e 2 colonne, dove la prima colonna è larga il 20% e la seconda l'80%.

```
<table width="100%" border="2" cellspacing="2" cellpadding="2">
<tr>
<td width="20%">Riga 1, Colonna 1</td>
<td width="80%">Riga 1, Colonna 2</td>
</tr>
<tr>
<td width="20%">Riga 2, Colonna 1</td>
<td width="80%">Riga 2, Colonna 2</td>
</tr>
</table>
```

Oltre a quanto sopra, per ragioni intrinseche agli e-reader, dimensioni diverse fra loro, disposizione orizzontale o verticale nella lettura ecc. occorre evitare, per quanto possibile, l'inserimento di dati tabellari, specie se hanno un elevato numero di righe o colonne.

Un'alternativa è inserire tabelle come immagini jpg e png.

Il sistema per la creazione di una tabella come immagine può essere attuato con software che catturano la tabella come immagine quando essa è a video, per esempio in un documento Excel, oppure con gli strumenti di corredo che ciascun PC ha e che descriviamo.

Quando la tabella è a video, per es. in un documento Excel, sulla tastiera premere il tasto Stamp.

Quindi aprire un software di grafica del PC, ad es. su Windows c'è Paint ma va bene qualunque altro.

Dal menù del software di grafica fare File--> nuovo.

Quindi, sulla tastiera premere il tasto CTRL e tenendolo premuto premere il tasto V.

L'immagine del monitor comparirà nel software di grafica aperto.

Altri sistemi operativi hanno metodi analoghi con differenze minime.

Nel software di grafica l'immagine con la tabella potrà essere manipolata a dovere, tagliata colorata e adattata di dimensioni volute per l'ebook; la larghezza massima dovrebbe essere fra 550 e 600 pixel e salvata.

A questo punto può essere importata e utilizzata come una qualsiasi immagine.

Note del testo

Negli ebook, note a piè di pagina o di chiusura così come sono conosciute in un libro cartaceo, non esistono. Se c'è la necessità di avere note esplicative di frasi o parole, la cosa migliore è raggrupparle tutte, con un loro nome alla fine del capitolo (o del libro, dipende dalla scelta dell'autore).

Quindi, creare un'Ancora per ciascuna nota.

Dalla parola o frase per la quale è stata scritta la nota, creare il collegamento ipertestuale sull'ancora opportuna.

Gli e-reader di ultima generazione dispongono di un pulsante che permette di tornare alla pagina nella quale è stato premuto il link per andare alla nota, tornando al punto di partenza.

Controllo ortografico

In Vista Codice, Sigil fornisce diversi modi per controllare l'ortografia mettendo in evidenza, con una sottolineatura rossa ondulata, le parole errate.
La correzione può essere fatta dal dizionario standard o da dizionari personali.
(Per la lingua italiana, si veda "Dizionari ortografici", Pag. 24)

Controllo ortografico automatico

Quando il controllo ortografico automatico è attivo,
in Vista codice selezionare la voce Menù Strumenti → Controllo ortografico → Evidenziare le parole errate.

`<p>Firrenze</p>`

Si può quindi fare click con il pulsante destro del mouse sulla parola errata per visualizzare un elenco di opzioni:

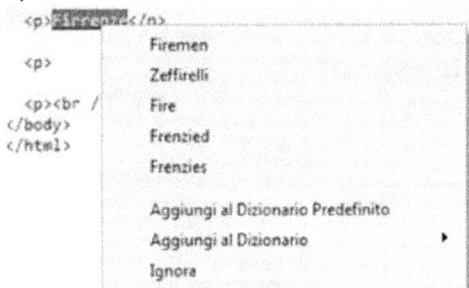

- Parole suggerite: Un elenco di parole alternative tra cui scegliere per sostituire la parola errata.
- Aggiungi al Dizionario Predefinito: Aggiungi questa parola al dizionario utente predefinito corrente.
- Aggiungi al dizionario: Aggiungi questa parola al dizionario selezionato dall'elenco.
- Ignora: Ignora l'ortografia di questa parola nell'intero documento finché non si riavvia Sigil.

Cercare parole errate

Trovare la prossima parola errata in vista Codice selezionando la voce di menù:
Strumenti → Controllo ortografico → Prossima parola errata.
Si passerà automaticamente a Vista Codice e la successiva parola errata verrà evidenziata.

Correttore ortografico

Il correttore ortografico integra quanto descritto in precedenza.

Per aprirlo fare click sull'icona Controllo ortografico ✔, si aprirà una lista delle parole errate sulle quali è possibile utilizzare le opzioni di inserimento nel dizionario personale, la sostituzione ecc.

Cerca e sostituisci

Ricerca di testo, aggiornamento o sostituzione, è uno dei punti di forza di Sigil in quanto permette di effettuare rapidamente ricerche ed un gran numero di modifiche al contenuto dei file.
Può essere usato per modificare la formattazione di elementi specifici in tutto l'ebook o solo nella pagina correntemente nell'editor.
Per aprire la finestra di dialogo Trova e sostituisci, selezionare la voce di menù:
Cerca → Trova & Sostituisci.

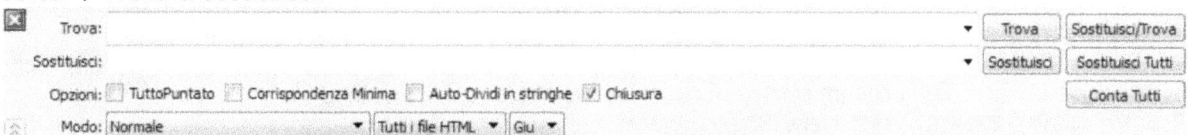

Una volta aperta, è di norma posizionata al di sotto della finestra di editing.
Se all'apertura è in versione minimale, fare click sul pulsante doppia freccia in alto che si trova nell'angolo inferiore di sinistra della finestra.
La finestra si espanderà mostrando tutte le opzioni cerca/sostituisci delle quali è dotata, con gli altri pulsanti è possibile scegliere le preferenze per l'utilizzo.
Per cercare del testo, inserirlo nella casella di testo Trova e premere il tasto Trova.
Qualsiasi testo nella casella Sostituisci (sotto) viene ignorato se si sta solo facendo una ricerca.
Una volta trovato uno specifico termine, premendo di nuovo trova, Sigil individua l'occorrenza successiva.
Trovatala, mette a video la pagina che la contiene evidenziandone il termine.

Metodi di ricerca e sostituzione

Sono possibili varie modalità di ricerca e sostituzione.
Tutte le possibilità sono applicabili a file HTML correntemente in editor, a tutti i file HTML oppure ai file selezionati nella finestra Navigatore dei libri.
Questo è possibile sceglierlo selezionando il pulsante a discesa nell'ultima riga che può avere come testo:
File Corrente | Tutti i file HTML | File selezionati

- Trova: Casella dove inserire la parola da cercare.
- Sostituisci: Casella dove inserire la parla che, eventualmente, dovrà sostituire quella trovata.
- Trova: Pulsante che avvia la ricerca.
- Sostituisci/Trova: Pulsante che permette di fare sostituzioni durante la ricerca.
- Sostituisci: Pulsante che Permette di sostiruire il testo della casella Trova con quello della casella Sostituisci.
- Sostituisci Tutti: Pulsante che fa ogni sostituzione fra il testo nella casella Sostituisci e quello della casella Trova.
- Conta Tutti: permette di contare le occorrenze del testo nella casella Trova.
- Modi: metodo di ricerca selezionabile da pulsante a discesa
  - Normale: Senza opzioni particolari
  - Sensibile a maiuscole/minuscole: Fa differenza fra lettere maiuscole e minuscole
  - Espressione regolare: Conosciuta anche come Regex, utilizza le espressioni regolari. Regex è l'abbreviazione di "Regular Expression". Questa modalità consente di cercare modelli invece di parole o caratteri esatti. Ad esempio, è possibile cercare "Pagina [0-9] +" seguito da uno o più numeri.
- SU (Up): Ricerche dalla posizione del documento verso l'alto. Per documento singolo, dalla posizione corrente all'inizio del documento. Se su tutti i file, dalla posizione corrente all'inizio dell'ebook.
- GIÙ (Down): come la voce precedente ma in senso inverso.
- Contare le occorrenze di una parola.

Sostituire il testo

- inserire il testo da trovare nella casella Trova.
- Inserire il testo che che dovrà sostituire quello trovato in Sostituisci.
- Selezionare Trova per ricercare ed evidenziare una corrispondenza.
- Selezionare Sostituisci per fare la sostituzione.

Per annullare le modifiche è possibile utilizzare il pulsante Annulla .

A seconda del tipo di sostituzione fatto, ad esempio fra e su pagine diverse può non essere possibile.

Inoltre sono presenti le seguenti possibilità:
- Ricerche salvate: Sigil crea un elenco di ricerche salvate.
- Salva ricerca: Memorizza il testo usato.
- Selezione Tokenise: Convertire gli spazi per \ s e sfuggire alcuni caratteri.

Storia Appunti

Clipboard History consente un rapido accesso al testo più recente testo copiato e/o tagliato.

Per questa operazione selezionare la voce di menù Modifica → Incolla dalla cronologia dagli Appunti.

Rapporti

Per un maggiore controllo sul lavoro svolto è possibile utilizzare i rapporti.

Sigil prevede diversi tipi di rapporti che elencano dettagli sui file e gli stili dell'ebook.

Una volta richiesto il rapporto, di solito è possibile fare doppio clic su una voce dei risultati per passare al nome del file elencato.

Per accedere alla finestra Rapporti fare click su:

Strumenti → Rapporti e quindi selezionare i report da visualizzare.

Dal rapporto è di solito possibile anche eliminare i file che vengono menzionati.

Le forme di rapporto sono:

- Tutti i file: Elenca tutti i file dell'ebook, di ciascun file la dimensione, posizione, tipo (estensione), e se ci sono tipi semantici applicati al file.
- File HTML: Elenca tutti i file HTML e dettagli sui file.
- File IMMAGINE: Elenca tutte le tue immagini, indicando se sono utilizzate e quante volte lo sono. Facendo un doppio clic su una voce è possibile saltare al file XHTML che contiene la prima occorrenza dell'immagine.
- File CSS: Elenca tutti i fogli di stile CSS, indica se sono collegati a file XHTML ed a quanti di questi.
- Classi di Stile in file HTML: Analizza i file HTML dell'ebook, ne estrae un elenco di nomi di classe e di stile utilizzati.
  Per ogni nome di classe elenca se trovato in un foglio di stile CSS esterno o in linea.
- Classi di stile in file CSS: Analizza i fogli di stile CSS dell'ebook, per ogni stile che utilizza un nome di classe elenca se realmente utilizzato nell'ebook.
- link e note: Elenca tutti i link (href) nei file XHTML.
  In Vista Codice sono i tag "<a>".
  Esso comprende se il collegamento ha un id, cioè se la destinazione di un collegamento è valida.
  Potrebbe non esserlo anche per avvenute cancellazioni di testo durante la scrittura dell'ebook.
- Caratteri nei file XHTML: Estrae un elenco di tutti i caratteri che vengono utilizzati nei file HTML.
  Più in dettaglio, elenca ogni tipo di carattere che viene visualizzato nell'ebook.
  Può essere usato per identificare l'utilizzo di caratteri supplementari o sottoinsiemi di font.

Comparirà una finestra con il testo utilizzato.

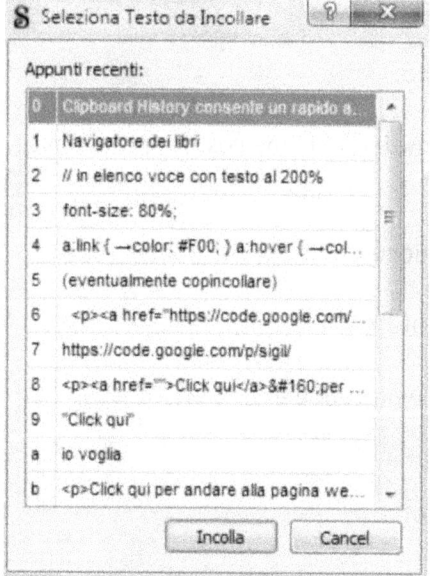

Selezionare il testo dall'elenco e poi fare click su Incolla.

Il testo verrà incollato sulla pagina attiva nel punto dove si trova il cursore.

Espressioni regolari

La ricerca/sostituzione può essere fatta anche utilizzando le espressioni regolari

Una generale introduzione alle espressioni regolari va oltre lo scopo di questo manuale.

A questi indirizzi è possibile leggerne documentazione ed esempi.

http://www.regular-expressions.info/tutorialcnt.html (lingua inglese)

http://www.html.it/articoli/espressioni-regolari-1/ (lingua italiana)

Panoramica file di sistema

Questo capitolo fornisce una breve panoramica dello standard EPUB (a suo tempo creato dalla Digital Publishing Forum Internazionale (IDPF)).

Esso fu concepito da tre specifiche distinte:

- OPS (Open Publication Structure): descrive le specifiche di presentazione del contenuto.
- OPF (Open Packaging Format): descrive come i file e le risorse sono collegati in un insieme logico
- OEBPS (OEBPS Container Format): descrive come la pubblicazione è incapsulata in un archivio ZIP.

  Per un esempio pratico, ad un ebook con estensione EPUB, cambiare questa estensione in zip, poi scompattarlo con winzip o software analogo.

  Sarà possibile vedere tutti i file che compongono il file zip che è anche il file EPUB di origine.

  Riprova della bontà di questo metodo ne è l'adozione per i documenti con estensione docx.

  - Si prenda un file con estensione docx, possibilmente contenete immagini e gli si cambi l'estensione in zip.

    Quindi lo si scompatti con winzip o software analogo.

    Ne usciranno una serie di file xml che lo descrivono ed una cartella con le immagini del documento in formato png o jpg.

OPS (Open Publication Structure)

Un file XHTML appena creato è mostrato in Vista Codice dovrebbe essere simile a questo:

```
<?xml version="1.0" encoding="utf-8"?>
<!DOCTYPE html PUBLIC "-//W3C//DTD XHTML 1.1//EN"
"http://www.w3.org/TR/xhtml11/DTD/xhtml11.dtd">
<html xmlns="http://www.w3.org/1999/xhtml">
<head>
<title></title>
</head>
<body>
<p> </p>
</body>
</html>
```

Il contenuto è contrassegnato da tag di inizio e fine di ciascun elemento.

Così opera XML (su cui si basa XHTML).

L'elemento <p> delimita le parole e le frasi che dovrebbero essere considerate come costituenti un unico paragrafo.

Come già visto in precedenza, in XHTML ci sono molti più elementi.

Con XHTML, l'autore/utente marca semanticamente il contenuto del documento specificandone la struttura.

Spesso, i comandi stile sono usati per modificare il layout del documento XHTML.

Si veda "Editing con CSS", Pag.34)

Al file XHTML potrebbe essere collegato un file stile esterno, e il codice potrebbe presentarsi così.

```
<head>
<title></title>
<link rel="stylesheet" type="text/css" href="../Styles/FoglioStile.CSS" />
</head>
```

Il file di stile FoglioStile.CSS collegato al documento XHTML determina come quest'ultimo debba essere visualizzato sul display dell'utente.

Nella pratica il foglio di stile CSS descrive/impone come debbano vedersi i paragrafi, gli elenchi, le tabelle, il colore del testo, i tipi di carattere da utilizzare ecc.

Di solito un solo file stile esterno collegato a tutte le pagine XHTML è sufficiente per avere un ebook con un layout ineccepibile.

OPF (Open Packaging Format)

Questo file contiene le specifiche per i collegamenti dei vari file XHTML, CSS, font e immagini di una pubblicazione, da essa deriva il file NCX (Si veda "NCX", Pag.64).

Il file OPF descrive i seguenti componenti:
- Metadati: I metadati per la pubblicazione, Titolo, autore ecc. (Si veda "Metadata", Pag.44)
- Manifest: Elenca tutti i file che compongono l'ebook
- Spine: Fornisce l'ordine di lettura lineare dei file XHTML.
- Guida: fornisce un insieme di riferimenti ad alcuni degli elementi strutturali di base della pubblicazione, come un indice, prefazione, bibliografia, etc.

Questo è un esempio di file OPF è tratto dell'ebook POF.EPUB del quale è possibile fare il download a questo indirizzo: http://www.taccetti.net/sigil/

```
<?xml version="1.0" encoding="utf-8" standalone="yes"?>
<package xmlns="http://www.idpf.org/2007/opf" unique-identifier="BookId" version="2.0">
<metadata xmlns:dc="http://purl.org/dc/elements/1.1/" xmlns:opf="http://www.idpf.org/2007/opf">
<dc:identifier id="BookId" opf:scheme="UUID">urn:uuid:43a0b303-f670-4d3f-9d9e-7625ab072749</dc:identifier>
<dc:title>Titolo dell'ebook</dc:title>
<dc:creator opf:file-as="Italiano" opf:role="aut">AutoreNome AutoreCognome</dc:creator>
<dc:language>it</dc:language>
<dc:date opf:event="modification">2014-12-18</dc:date>
<meta content="0.7.4" name="Sigil version" />
<meta name="cover" content="ImmagineDiCopertina.jpg" />
</metadata>
<manifest>
<item href="toc.ncx" id="ncx" media-type="application/x-dtbncx+xml" />
<item href="Text/Pagina_1.xhtml" id="Pagina_1.xhtml" media-type="application/xhtml+xml" />
<item href="Text/Pagina_2.xhtml" id="Pagina_2.xhtml" media-type="application/xhtml+xml" />
<item href="Images/ImmagineDiCopertina.jpg" id="ImmagineDiCopertina.jpg" media-type="image/jpeg" />
<item href="Text/cover.xhtml" id="cover.xhtml" media-type="application/xhtml+xml" />
<item href="Styles/FondoNero.css" id="FondoNero.css" media-type="text/css" />
<item href="Images/Libro.png" id="Libro.png" media-type="image/png" />
</manifest>
<spine toc="ncx">
<itemref idref="cover.xhtml" />
<itemref idref="Pagina_1.xhtml" />
<itemref idref="Pagina_2.xhtml" />
</spine>
<guide>
<reference href="Text/cover.xhtml" title="Copertina" type="cover" />
</guide>
</package>
```

Nel contenuto di questo file OPF si possono facilmente individuare i metatada:
<dc:creator opf:file-as="Italiano" opf:role="aut">AutoreNome AutoreCognome</dc:creator>
e tutti i componenti che fanno parte del file EPUB.
Sigil scrive questo file in modo automatico e non c'è nulla di complesso.

Questo file può essere consultato e se necessario modificato quando per es. a una validazione vengono individuati errori che (molto raramente) rimandano ad esso.

NCX

Acroniomo di Navigation Center eXtended, descrive la tabella gerarchica dei contenuti (TOC).
L'esempio che segue è tratto dal file POF.EPUB citato in precedenza:

```
<?xml version="1.0" encoding="utf-8"?>
<!DOCTYPE ncx PUBLIC "-//NISO//DTD ncx 2005-1//EN"
"http://www.daisy.org/z3986/2005/ncx-2005-1.dtd">
<ncx xmlns="http://www.daisy.org/z3986/2005/ncx/" version="2005-1">
<head>
<meta name="dtb:uid" content="urn:uuid:43a0b303-f670-4d3f-9d9e-7625ab072749" />
<meta name="dtb:depth" content="1" />
<meta name="dtb:totalPageCount" content="0" />
<meta name="dtb:maxPageNumber" content="0" />
</head>
<docTitle>
<text>Titolo dell'ebook</text>
</docTitle>
<navMap>
<navPoint id="navPoint-1" playOrder="1">
<navLabel>
<text>content.opf</text>
</navLabel>
<content src="Text/Pagina_1.xhtml" />
</navPoint>
<navPoint id="navPoint-2" playOrder="2">
<navLabel>
<text>Pagina 2</text>
</navLabel>
<content src="Text/Pagina_2.xhtml" />
</navPoint>
</navMap>
</ncx>
```

Questo file è creato da Sigil in modo automatico.
Gli elementi navPoint indicano, per interi documenti, o per parti specifiche, come i vari componenti sono annidati in un ordine gerarchico.

OEBPS (OEBPS Container Format)

OEBPS è un archivio compresso zip che raccoglie tutti i file.
I file EPUB sono fondamentalmente archivi ZIP che compongono la pubblicazione.
Il formato ZIP memorizza i file utilizzando l'algoritmo di compressione DEFLATE.
File EPUB devono anche avere una cartella META-INF con un file container.xml che punta al file OPF.
Sigil si prende cura di tutto questo in modo automatico.

Validazione

Per essere considerato idoneo alla pubblicazione, l'ebook deve soddisfare gli standard definiti per EPUB.
Ciò significa che deve includere alcune informazioni indispensabili (autore, lingua ecc.) e non contenere errori che contrastano con le specifiche EPUB.
Se nel primo caso la correzione è banale, nel secondo può essere arduo capire e individuare il problema.
Per compiere al meglio queste operazioni è possibile utilizzare diversi strumenti descritti di seguito.

Validazione EPUB con FLIGHTCREW

FlightCrew è incluso come parte integrale di Sigil.
Per validare l'ebook con FlightCrew è necessario selezionare la voce di menù:

Strumenti → Convalida EPUB con FlightCrew.

Indubbiamente è indispensabile farlo una volta terminato il libro, ma è consigliabile avviarlo di tanto in tanto, durante la stesura dell'ebook.

Si elimineranno problemi che andrebbero a cumularsi, rendendo più tediosa la correzione finale.

Alla fine della verifica viene mostrata una tabella riassuntiva degli errori.

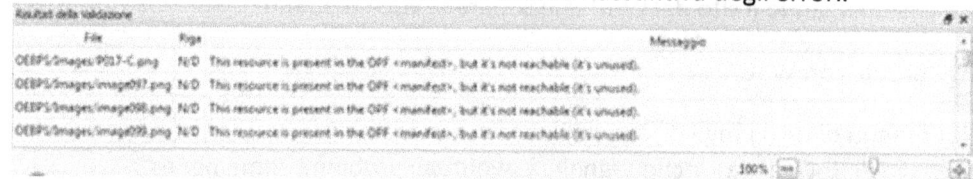

Gli errori sono evidenziati in rosa, e gli avvertimenti in giallo.

Basta fare doppio clic sulla maggior parte delle voci risultanti per far si che il punto dove è stato localizzato l'errore venga posto sullo schermo, facilitandone individuazione e quindi correzione.

Messaggi per i problemi di convalida più comuni

- This resource is present in the OPF <manifest>, but it's not reachable (it's unused).
    - Il file elencato non è stato utilizzato da nessuna parte del libro.
      Se non si intende utilizzarlo lo si dovrebbe eliminare.
- This OPS document is reachable but not present in the OPF <manifest or spine>. "Reachable" means that a reference of some kind that points to this resource exists in the EPUB.
    - Sarà necessario aggiungere il file o correggere il nome del file utilizzato nel testo.
      In genere è possibile trovarlo cercando il nome del file elencato in tutti i file HTML.
      Provare anche a rigenerare o aggiornare il TOC.
- ID value 'SOMEIDNAME' is not unique
    - Significa che esiste un ID chiamato SOMEIDNAME definito più di una volta.
      Tipicamente questi sono in intestazioni o piè di pagina e possono essere causati da copia e incolla o fusione fra documenti.
      Cercare in tutti i file HTML per il nome ID elencato e cambiarlo.
- attribute 'INVALIDATTRIBUTE' is not declared for element 'SOMEELEMENT'
    - Questo errore significa che esiste un tag HTML denominato SOMEELEMENT che contiene un attributo INVALIDATTRIBUTE, ma che INVALIDATTRIBUTE non è valido per quel tag.
      Per esempio <invalidattribute h2 = "test"> .
      Ciò può essere causato da errori di battitura o da vecchie versioni di HTML.
      Cercare INVALIDATTRIBUTE in tutti i file HTML e rimuovere, correggere, o sostituire ogni occorrenza.
- no declaration found for element 'INVALIDELEMENT'

- o Questo errore significa che esiste un tag HTML denominato INVALIDELEMENT che non è stato definito.
  In genere questo è semplicemente perché non è valido oppure è una vecchia sintassi HTML.
  Cercare INVALIDELEMENT in tutti i file HTML e rimuovere, correggere o sostituire con HTML valido.
- element 'INVALIDELEMENT' is not allowed for content model '(p|d|h2|h3|h4|h5|h6|div|ul|ol|...'
  - o Significa che esiste un tag HTML denominato INVALIDELEMENT che non è valido in HTML per EPUB.
    In genere questa è una vecchia sintassi HTML che necessita di un aggiornamento.
    Cercare INVALIDELEMENT in tutti i file HTML e rimuovere, correggere o sostituire ogni occorrenza con HTML valido.
- value 'SOMENAME' is invalid NCName
  - o significa che esiste un nome di ID che non è valido.
    Probabilmente contiene uno spazio o un altro carattere non valido.
    Cercare SomeName e modificarlo.

Validazione CSS con W3C

Per convalidare i file di stile CSS utilizzando il sito del W3C selezionare la voce di menù:

Strumenti → Convalida Fogli di stile con W3C.

Questo comando invierà i contenuti di tutti i fogli di stile dell'ebook al servizio di W3C http://jigsaw.w3.org/css-validator/validator che segnalerà eventuali problemi come per es.

Sorry! We found the following errors (1) 7 .FloatLeft Property xxxfloat doesn't exist
che significa:

- 7
  - o riga del documento con l'errore
- FloatLeft
  - o Come W3C suggerisce dovrebbe essere il comando giusto
- Property xxxfloat doesn't exist
  - o La proprietà xxxfloat non esiste

Oppure il messaggio: **Congratulations! No Error Found.**

Per convalidare fogli di stile singolarmente, fare click con il pulsante destro del mouse sul foglio stile nel Navigatore dei libri selezionando Convalida con W3C.

In ogni caso, per il continuo mutare di questa tecnologia, se vengono rilevate discrepanze fra le versioni mandate a convalidare e la convalida del W3C, il risultato può non rispecchiare esattamente la realtà.

Per questa ragione, in caso di dubbi, si dovrebbe sempre controllare il file EPUB su dispositivi reali.

Validazione con epubcheck

Si tratta di uno strumento gratuito che permette di controllare l'idoneità alla distribuzione degli ebook in formato EPUB.

Per idoneità alla distribuzione si intende la compatibilità con i dispositivi e-reader sul mercato.

Questo tipo di convalida avviene al di fuori di Sigli.

Per validare con epubcheck, occorre prima salvare sul proprio PC il file EPUB che si intende passare ai distributori per la pubblicazione.

Poi, collegarsi al sito dove di EpubCheck http://validator.idpf.org/ seguendone le semplici istruzioni facendo lo upload del file EPUB.

Dopo aver esaminato il file EPUB, EpubCheck restituisce un eventuale lista degli errori riscontrati, oppure comunicherà che l'EPUB è idoneo alla distribuzione.

Effettuare la convalida

Le opzioni per convalidare l'EPUB sono due, la prima è farlo online, la seconda è scaricare il software del programma di validazione sul proprio PC e farla in locale.

Se il file EPUB non supera i 10MB o l'operazione non deve essere ripetuta diverse volte ogni giorno, si consiglia di farlo in rete ed è ciò che descriviamo di seguito.

All' indirizzo: http://validator.idpf.org/ fare clik sul pulsante "Scegli file" per selezionare l'EPUB da convalidare sul proprio PC, quindi fare click su "validate", ed inizierà il controllo dell'EPUB.

EPUB Validator (beta)

Submit an EPUB document for validation. Your file must be 10MB or less.

Scegli file | Nessun file selezionato

Validate

Il tempo necessario dipende dalla velocità del collegamento ADSL e dalle dimensioni del file EPUB.
Se l'EPUB non presenta errori, allora il test è superato e ci apparirà una pagina di questo tipo.

EPUB Validator (beta)

Results

Detected version: EPUB 2.0

Results: Congratulations! No problems were found in *test.epub*.

Se invece l'EPUB presenterà errori, allora nella pagina ci sarà una lista con tutti gli errori riscontrati.

Ognuno sarà preceduto dal nome del file in cui è stato trovato e dal numero della linea in cui l'errore si presenta.

Occorre quindi correggere gli errori, prima di rifare il test di convalida.

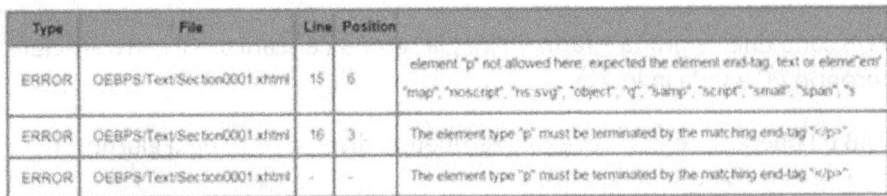

EPUB Validator (beta)

Results

Detected version: EPUB 2.0

Results: The following problems were found in *untitled.epub*:

Type	File	Line	Position	
ERROR	OEBPS/Text/Section0001.xhtml	15	6	element "p" not allowed here: expected the element end-tag, text or eleme"em" "map", "noscript", "ns:svg", "object", "q", "samp", "script", "small", "span", "s
ERROR	OEBPS/Text/Section0001.xhtml	16	3	The element type "p" must be terminated by the matching end-tag "</p>".
ERROR	OEBPS/Text/Section0001.xhtml	-	-	The element type "p" must be terminated by the matching end-tag "</p>".

Validated using EpubCheck version 3.0.1.

Back to validator

Validazione per Kindle di Amazon

Un ebook salvato con Sigil in formato EPUB non ha di solito problemi quando viene elaborato per essere poi letto nei Kindle di Amazon.
Considerando però l'inesauribile fantasia degli esseri umani nel produrre errori non è male fare anche un controllo per questo dispositivo.
Amazon offre, gratuitamente, tutto il necessario, ed anche un po' di pubblicità per la propria azienda.
Per fare questa validazione, andare all'indirizzo di Amazon:

http://www.amazon.com/gp/feature.html?ie=UTF8&docId=1000765211

apparirà la pagina "KindleGen".
KindleGen è ufficialmente supportata da Amazon per convertire i file nel formato mobi per dispositivi Kindle.
Uno volta che i file di origine sono stati convertiti in formato mobi di Kindle, KindleGen permette di emulare la modalità di visualizzazione in questi dispositivi.
KindleGen è un software ad interfaccia grafica disponibile per i sistemi operativi Windows, MAC e Linux, dovrà essere scaricato e poi installato sul proprio PC per il Sistema Operativo in uso.

Dopo l'installazione basterà fare click sull'icona Kindle Previewer ![Kindle Previewer] per avviare il programma.
Al suo avvio sarà ben visibile un link cliccabile il cui testo recita "Apri libro da visualizzare" con sotto le estensioni dei file che il software può convertire (al momento, gennaio 2015, MOBI, EPUB, HTML, OPF).
Facendo click su questo link sarà possibile navigare fra le cartelle del proprio PC fino ad individuare il file dell'ebook.
Una volta individuato, occorrerà fare clic su di esso e poi sul pulsante Apri.

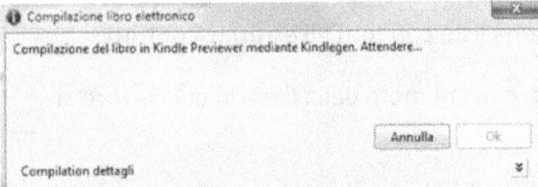

Si avvierà l'elaborazione dell'ebook che, in ragione delle dimensioni del file, potrebbe durare anche diversi minuti.
Una volta completata, se tutto è andato a buon fine, dovrebbe comparire una finestra simile alla seguente

con l'indirizzo, sul PC locale, dove il file elaborato è stato salvato con estensione mobi.

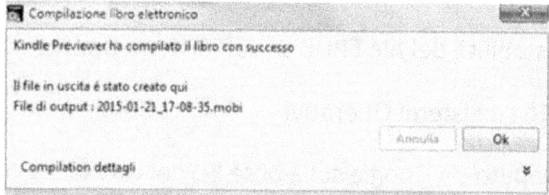

Basterà far doppio clcik sull'icona di questo file per vedere come si presenterà l'ebook nei dispositivi Kindle. In ogni caso facendo clik sulle frecce in basso a destra della finestra precedente, sarà possibile leggere informazioni sull'elaborazione avvenuta.

A corredo di KindleGen una guida parzialmente in lingua italiana con i seguenti titoli.

Guida per l'utente Kindle Previever (italiano)

Linee editoriali Kindle (inglese)

Invia feedback/Segnala un problema (inzio e-mail dal client locale)

Maggiori informazioni su Kondle Previewer (italiano)

iBooks di Apple

Pur essendo approriato a scrivere ebook per gli store della Apple, questo marchio per i suoi iBooks cioè libri elettronici leggibili con i dispositivi iPhone e iPad utilizza delle regole più restrittive che vanno oltre la normale validazione degli ebook.

La mancanza di questi requisiti impedisce la pubblicazione, essi sono:

- Dimensione delle immagini: Tutte le immagini interne all'EPUB, compresa l'immagine di copertina, non devono superare i 3.2 milioni di pixel.
- Autore: Nome Cognome: Che il nome dell'autore (o degli autori) venga sempre inserito nella forma "Nome Cognome" e non "Cognome Nome" e nemmeno solo "Nome". Che poi come riescano sempre a distinguere nome da cognome rimane un mistero.
- Prezzo (errore: Price reference): Ogni riferimento al prezzo dell'ebook non deve comparire in nessuna parte del libro.
- Link interni verso altri store: Apple non accetta ebook con link che rimandino all'acquisto su altre librerie online.
- La presenza del TOC: Il Sommario (TOC) deve essere almeno di due capitoli e nessuna voce deve essere duplicata.
- Voci errate nel sommario: Tutte le voci del sommario devono fare riferimento a pagine o paragrafi esistenti.

  Sigil crea automaticamente il sommario (TOC), ma permette anche di inserirvi voci in modo manuale, quindi testare il link una volta fatto l'inserimento.
- Immagine di copertina: Nel caso in cui la copertina sia usata anche per un'edizione cartacea, prestare attenzione al fatto che non riporti riferimenti al libro cartaceo.
- Sinossi: Deve essere scritta nella stessa lingua con cui è stato scritto il libro.
- Formattazione dell'EPUB: Di solito definito dallo store come errore FORMATTING.

  A questa categoria appartengono errori generici legati soprattutto all'impaginazione del volume.

Validazione nel mondo reale

Durante la stesura dell'ebook è sempre possibile verificare la stabilità del file EPUB su vari Sistemi Operativi.

Il file EPUB, cioè l'ebook del quale sono l'espressione, sarà letto su Sistemi Operativi

- Android: sistema operativo per dispositivi mobili sviluppato da Google sulla base kernel Linux. Questo S.O. è stato progettato principalmente per smartphone e Tablet.
- Apple Macintosh: iOS (ex iPhone OS) sviluppato da Apple per iPhone, iPod touch e iPad, nonché pc desktop e portatili.
- Windows: Dispositivi tablet con Windows 8 prodotti da Microsoft, nonché pc desktop e portatili.

Per PC desktop e portatili Adobe mette gratuitamente a disposizione un lettore dal nome Adobe Digital Editions, per Macintosh (18.7 MB) e Windows (7.2MB) scaricabile all'indirizzo: http://www.adobe.com/it/solutions/ebook/digital-editions/download.html

Al momento in cui scriviamo (gennaio 2015) Adobe Digital Editions è alla versione 4.0.1

Una volta sulla pagina, occorre Individuare la piattaforma preferita, fare click sul link per il download e scaricare il programma di installazione.

Una volta che Adobe Digital Editions è installato, lanciandolo è possibile leggere, sul proprioPC, i file EPUB per avere un'idea di come sarà l'ebook terminato.

EPUB in rete

Metodo, non alternativo, all'uso di Adobe Digital Editions è caricare il proprio EPUB in Internet e farne il download con dispositivi mobili Tablet, iPad ecc.
Non occorrono molte risorse, basta poter accedere ad uno spazio web, anche gratuito, e caricare il proprio file EPUB, quindi, da una pagina html, fare un link a questo file.
Terminata quest'operazione, col dispositivo mobile collegarsi ad Intenet, andare alla pagina html con il link all'EPUB, e farci click sopra.
Il file EPUB verrà scaritato nel dispositivo e, se presente il software di lettura, verrà aperto come ebook.
Con questo metodo l'ebook potrà essere visionato con accuratezza esaminandolo come realmente risulterà; eventualmente modificarne l'impaginazione prima di nuovi test della sua distribuzione finale.
Se non si dispone di un lettore sul dispositivo mobile, quello che segue è un elenco, non esaustivo, di lettori, sia gratuiti che a pagamento reperibili in Internet.
Le applicazioni sono suddivise per Sistema operativo.

- Android
  Mantano
  Lite https://play.google.com/store/apps/details?id=com.mantano.reader.android.lite&hl=it
  Mantano
  Premium https://play.google.com/store/apps/details?id=com.mantano.reader.android&hl=it
  Moon+reader https://play.google.com/store/apps/details?id=com.flyersoft.moonreaderp&hl=it
  Aldiko https://play.google.com/store/apps/details?id=com.aldiko.android&hl=it
- Windows
  Kobo Books http://www.windowsphone.com/it-it/store/app/kobo-books/9ab261dc-7aef-4c5f-9224-cdc626608160
- Apple
  Bluefire Reader https://itunes.apple.com/it/app/bluefire-reader/id394275498

Esempio di ebook pubblicato

In Internet sono disponibili una enorme quantità di ebook in formato EPUB, in moltissimi ci sono protezioni o è quasi impossibile vederne il codice che ne crea la struttura.

Per questa ragione è stato inserito questo capitolo con un link ad una pagina Internet dove è ospitato un file EPUB completo, il cui ebook risultante ha il codice visibile.

Quello che proponiamo e l'ebook: Rubric del Maestro Giovanni Maranghi, artista di livello internazionale che è possibile scaricare qui:

http://www.taccetti.net/sigil/Rubric-di-Giovanni-Maranghi.epub

e compattato con zip qui:

http://www.taccetti.net/sigil/Rubric-di-Giovanni-Maranghi.zip

Si tratta di una raccolta di pensieri e immagini delle sue opere

mostrate secondo un ordine alfabetico,

dove a ogni lettera corrisponde un argomento.

Quindi nel sommario (TOC) abbiamo: A per Acque e sale, B per Biografia, C per Casta diva e via di seguito.

Al di la del contenuto (molto bello) dell'ebook, in questa sede interessa analizzare come è stato scritto e costruito il layout sia con l'HTML che con i CSS

Può essere letto nei sistemi operativi Android, Windows, Linux e MAC.

Rubric è informato EPUB, immediatamente fruibile dai lettori di ebook con il codice visibile agli utenti che dispongono di software come Sigil.

Rubric, di Giovanni Maranghi, è stato testato con i lettori ebook più diffusi, (Mantano per Android , Adobe Digital Editions per PC Windows e MAC) ed è risultato perfettamente funzionate.

In questo ebook possiamo trovare molte delle tecniche descritte fino adesso.
Oltre alle "usuali" pagine con fondo bianco e testo in nero, pagine con fondo nero e testo in bianco,

inserite secondo il loro contenuto facendo attenzione a dare al prodotto finito una bella veste grafica.
Collegamenti ipertestuali a pagine Internet con testo e video,
Titoli <h1> nascosti su pagine con immagini, dove le immagini determinano il titolo della pagina visibile al lettore, ed invece il sommario del libro è testuale perché costruito generando la Tavola dei contenuti (TOC), ed altre tecniche.

Diritto d'autore

L'argomento del Diritto d'Autore o, che dir si voglia, Copyright, è un argomento importante e talvolta controverso anche per il progredire delle tecniche informatiche ed i nuovi scenari apertisi.

Cos'è il diritto d'autore? Secondo Wikipedia, il diritto d'autore è l'istituto giuridico che ha lo scopo di tutelare i frutti dell'attività intellettuale attraverso il riconoscimento di una serie di diritti (di carattere morale e patrimoniale) all'autore originario dell'opera.

Secondo wikypedia, Il diritto d'autore è l'istituto giuridico che ha lo scopo di tutelare i frutti dell'attività intellettuale attraverso il riconoscimento di una serie di diritti (di carattere morale e patrimoniale) all'autore originario dell'opera.

L'esercizio in forma esclusiva di questi diritti da parte dell'autore permette a lui e ai suoi aventi causa di remunerarsi per un periodo limitato nel tempo attraverso lo sfruttamento commerciale dell'opera.

Nell'enciclopedia Traccani, consultabile in rete, la parola Copyright:

"Designa una riserva del diritto d'autore, che viene esplicitamente dichiarata dall'editore o dall'autore stesso, anche con la semplice apposizione del caratteristico simbolo ©, in ogni sua pubblicazione, per evitare riproduzioni non autorizzate dell'opera. Nei sistemi giuridici anglosassoni il termine indica il diritto di utilizzazione di un'opera dell'ingegno, così come nella legislazione italiana avviene per il diritto d'autore Leggi"

Ma non è una questione per soli editori, si tratta invece di uno strumento utile anche nel caso degli autori/scrittori che pubblicano in autonomia le proprie opere intendendo proteggerle dal plagio o dalla riproduzione non autorizzata.

Questo diritto è fondato su leggi specifiche, tra cui la n. 633 del 22 aprile 1941 in materia di "Protezione del diritto d'autore e di altri diritti connessi al suo esercizio" e l'articolo 2575 e seguente del Codice Civile.

Ovviamente, anche per la loro vetustità ed il progredire della tecnologia si tratta di norme in continua discussione e semmai anche di ridefinizione.

Molti riferimenti normativi per la tutela del diritto d'autore sono reperibili a questo indirizzo:

http://www.dirittodautore.it/la-guida-al-diritto-dautore/le-fonti/#.U-jadON_uxY

Una qualsivoglia opera è tutelata dal diritto d'autore fin dalla sua creazione.
Basandosi, il diritto d'autore, su norme specifiche, significa che, chiunque lo violi può essere sottoposto a sanzione.

Occorre naturalmente una prova che ne testimoni la paternità.
A questo indirizzo spiegazioni dettagliate su enti che possono aiutarne la tutela:

http://www.narcissus.me/it/2014/08/12/tt-08-tutto-non-sapevi-diritto-dautore/

Pubblicare il proprio ebook

In Internet esistono molti siti che offrono servizi per pubblicare e vendere opere di scrittori indipendenti in forma libri digitali, di solito la pubblicazione è gratis, al massimo occorrono alcuni euro per l'acquisto del codice ISBN identificativo dell'opera.

In genere garantiscono un'ottima visibilità dell'opera in un mercato su scala mondiale (non è un modo di dire).

In caso di vendita, guadagni che possono essere anche superiori a quelli dall'editoria tradizionale,

Su ciascun sito menzionato sono reperibili istruzioni aggiornate su come fare per le royalty. (C.C. bancario, PayPal ecc.)

Pubblicare su Amazon

Il dispositivo Kindle di Amazon è uno degli strumenti più utilizzati al mondo per leggere ebook, per questa ragione una delle migliori soluzioni è quella offerta dal Kindle Store.

https://kdp.amazon.com/help?topicId=A37Z49E2DDQPP3&ref_=gs

Si tratta della vetrina digitale di Amazon nella quale vengono venduti gli ebook leggibili Kindle, e non solo. Amazon offre una grande visibilità e opportunità di guadagno.

Le royalty spettanti all'autore oscillano in funzione del prezzo di copertina.

Qui non sono menzionate perché è meglio consultare la pagina di Amazon https://kdp.amazon.com/help?topicId=A2MLJ06E7JKXLN per avere notizie aggiornate.

Per pubblicare un ebook su Amazon occorre essere registrati presso di loro (anche per riscuotere lo royalty delle vendite) compilando, in pochi minuti, il modulo che viene proposto.

Se sorgono problemi d'interpretazione, cliccare sulla voce Cos'è? collocata sopra le voci del modulo e compariranno istruzioni dettagliate.

Dopo avere accettato le condizioni di utilizzo del Kindle Store, fare clicksu Aggiungi un nuovo titolo per avviare la procedura di caricamento di un nuovo ebook.

Se si vuole distribuire liberamente l'ebook, mettere il segno di spunta accanto alla voce Non attivare Digital Rights Management; questo renderà l'ebook esente da protezioni di copia, ma anche più facilmente distribuibile da parte degli utenti (ovviamente!).

Se ritenuto opportuno, apporre inoltre il segno di spunta accanto alla voce Registra questo libro in KDP Select (in cima alla pagina), per concedere l'esclusiva del libro ad Amazon per 90 giorni, aumentandone la visibilità.

Infine fare click su Salva e continua (in fondo alla pagina).

Si aprirà una nuova pagina dove occorre specificare/dichiarare notizie sui diritti d'autore, naturalmente se il libro è vostra proprietà e non ci sono vincoli editoriali precedenti, è possibile lasciare la spunta su Diritti a livello mondiale e la percentuale per le royalty spettante all'autore.

In questo modulo è anche possibile Attivare il programma gestione libri, mettendo il segno di spunta accanto all'apposita voce, se si vuole che gli utenti possano prestare l'ebook ad altre persone intascando una percentuale, infine cliccare su Salva e pubblica per avviare la pubblicazione dell'ebook su Kindle Store.

A questo punto è consigliabile visualizzare un'anteprima della versione finale dell'ebook, controllandone l'impaginazione.

Nel caso non sia ritenuta soddisfacente, modificarla seguendo le direttive di formattazione fornite ufficialmente da Amazon reperibili sul loro sito.

Di solito, la pubblicazione in lingua italiana richiede 48 ore per essere visibile al pubblico, ed è possibile modificare l' ebook caricato su Kindle Store in qualsiasi momento, anche dopo la pubblicazione.

A questo indirizzo:
https://kdp.amazon.com/help

la guida ufficiale anche in lingua italiana.

Pubblicare con Narcissus

Narcissus.me http://www.narcissus.me/it/start/ è una piattaforma di servizi che consente di pubblicare opere di autori indipendenti in formato digitale (ebook) mettendole in vendita nelle principali librerie online italiane e internazionali offendo una visibilità perfino superiore alla notissima Amazon.

Narcissus trattiene per se il 40% del prezzo di copertina di ogni ebook venduto.

Eventuali costi per l'autore sono dovuti a servizi come la conversione del file nel formato EPUB, ma se si ha in mano questo manuale su Sigil, probabilmente il problema non esiste o è in via di superamento.

Per pubblicare occorre creare un account su Narcissus.me (anche per intascare le royalty).

Dalla home page del sito, fare click sul link "Registrati" in alto a destra.

Una volta creato l'account, si avrà accesso ad un'area personale e riservata dalla quale è possibile iniziare a pubblicare.

Dalla lettura dell'home page di Narcissus, pare chiaro che esso preferisca il formato EPUB.
Una volta caricato il file EPUB dall'area riservata, e in poche ore l'ebook sarà in vendita su tutti gli store collegati a Narcissus fra i quali Amazon, Apple, Kobo e Barnes & Noble!

Narcissus consiglia, prima di caricare l'ebook, di validarlo con epubcheck e per Kindle.

Molto dei servizi offerti da Narcissus non servono a chi pubblica un ebook creato con Sigil, in ogni caso riportiamo un elenco per evidenziare quanto Sigil sia utile.

- File pdf
  - Il pdf è uno dei formati accettati e può essere messo subito in vendita.
    Da Narcissus fanno però presente che il pdf, anche se è un formato semplice da creare, è un formato di stampa e quindi non consigliato per gli ebook.
    La sua visualizzazione può risultare scomoda su alcuni dispositivi di lettura.
    Si tratta un formato che non tutti gli store accettano.
- File doc (ma quasi sicuramente vale anche per docx e rtf)
  - Un file word o comunque un file di testo, prima di metterlo in vendita deve essere convertirlo in uno dei formati supportati.
    Narcissus consiglia il formato EPUB, in questo modo l'ebook avrà la massima possibilità di diffusione sugli store collegati a Narcissus.

Per creare un file EPUB con Narcissus esistono due possibilità:

- Utilizzare lo strumento gratuito BackTypo di Narcissus.
  Si tratta di un'applicazione online che permette di creare file EPUB già validati e tecnicamente pronti per la pubblicazione.
- Commissionare la conversione al costo di 0,60 euro per cartella editoriale.

Stimiamo che utilizzare lo strumento BackTypo, per la validà nel controllo di idoneità non corregga gli eventuali errori (comunque non qualsiasi), ma si limiti a segnalarli per essere corretti.

- Un'altro servizio di Narcissus è fornire, a pagamento, copertine per gli ebook.
  Non esiste però nessun problema e nessuna spesa se viene fatto l'upload di una copertina readatta in proprio.

A questo indirizzo il centro assistenza Narcissus in lingua italiana:
https://help.narcissus.me/hc/it/categories/200085151-La-Produzione-BackTypo

Altri siti per la pubblicazione

Naturalmente il panorama è molto ampio e non è detto che in altri sito non siano disponibili condizioni migliori o una visibilità su misura per il genere di ebook pubblicato.
Quegli che seguono sono una selezione di siti in lingua italiana che offrono il servizio di pubblicazione.

Feltrinelli
http://ilmiolibro.kataweb.it/

Compra ebook
http://www.compraebook.com/pubblica

Shop my book
http://www.shopmybook.com/

ebook.it
http://www.ebook.it/

Dopo la pubblicazione

Una volta pubblicato l'ebook possono sorgere dubbi su tempi e quantità delle vendite ed è quindi bene sapere che:

- Di solito gli store internazionali forniscono i dati di vendita anche con un mese di ritardo rispetto a quegli italiani.
  Occorre quindi un pò di pazienza ed attenzione prima di preoccuparsi per disguidi.
- Su store internazionali che non vendono all'interno dell'Area Economica Europea o EEA il prezzo può essere leggermente diverso.
  In questi casi viene adottato il metodo Wholesale, che prevede sia lo store a definire il prezzo di vendita del libro al cliente finale.
  In questo caso la percentuale spettante all'autore rimane la stessa me la cifra reale può variare leggermente.
- Le categorie degli store non sempre corrispondono a quelle impostate dall'autore in fase di pubblicazione.
  Questo si verifica perché, seppur tutti gli store si rifacciano al sistema internazionale di catalogazione BISAC, può capitare alcuni store adottino "etichette" personalizzate che differiscono nel nome rispetto alla categoria scelta.

Appendice

Menù principale

La maggior parte dei comandi disponibili sono raggiungibili da questo menù.
Oltre al click sulla voce/sottovoce sono disponibili molte scorciatoie da tastiera.

File

- Nuovo: (CTRL+N) Creare un nuovo, EPUB vuoto.
- Apri: (CTRL+O) Aprire un file presente sul PC in locale, che può essere EPUB, HTML, XHTML, txt.
- Aggiungi: permette di aggiungere file al progetto
    -
        - I file esistente: Dello stesso formato del punto precedente.
        - File HTML vuoto: Creare un nuovo file HTML nel libro.
        - Foglio di stile vuoto: Creare un nuovo foglio di stile CSS nel libro.
        - Blank SVG File Immagine: Creare un nuovo file di immagine in formato SVG nel libro.
- Salva come...: Salvare il file con un nome diverso.
- Salva una copia: Salva una copia del file con un nome diverso, senza rinominare il file corrente (utile per i backup).
- Anteprima di stampa: Anteprima di stampa della scheda corrente.
- Stampa: (CTRL+P) Stampa la scheda corrente.
- Subito sotto compare un elenco degli ultimi file che sono stati utilizzati.
- Esci: (CTRLQ) Uscire da Sigil, eventualmente viene domandato se si vuole salvare il file EPUB corrente.

Modifica

- Annulla: (CTRL+Z) Ripristina il testo appena eliminato, inserito o sostituito (Undo).
- Ripeti: (CTRL+Y) Invertire l'ultimo Annulla (Undo).
- Taglia: Rimuove il testo selezionato e lo Inserisce automaticamente in un elenco (Cronologia degli Appunti).
  Durante la sezione di lavoro, da questo elenco potrà poi essere incollato altrove.
- Copia: Come taglia, ma non rimuove il testo selezionato Inserendolo in un elenco. (Cronologia degli Appunti).
- Incolla: (CTRL+V) Inserisce nel documento testo o immagini copiate in precedenza anche da un file o documento esterno (per es. immagini dal disco rigido o parole da un documento di testo.)
- Incolla dalla Cronologia degli Appunti: Copia nel documento corrente dall'elenco citato in precedenza.
- Cancella linea: (CTRL+D) Cancella la riga corrente. (Attivo solo in Vista Codice).
- Cambia Carattere: cambia il formato dei caratteri al testo selezionato.
    - Minuscolo: (ALT+L) in lettere minuscole.
    - Maiuscolo: (ALT+U) in lettere maiuscole.
    - Carattere titolo: Mette in maiuscolo la prima lettera di ogni parola selezionata.
    - Prima lettera maiuscola: Mette la prima lettera della selezione in maiuscolo.
- Dividi al cursore: Nel punto dove si trova il cursore divide il documento in due file diversi.
  Utilie se si desidera dividere più file o un file di grandi dimensioni in più parti (file)
    - Posizionarsi, con il cursore, al punto in cui sui vuole dividere il file.
    - Selezionare la voce di menù Modifica → Dividi al cursore.
- Dividi agli indicatori: (F6) Divide tutti i file in marcatori di capitolo inseriti in precedenza.
  Gli indicatori di divisione devono essere inseriti dal menù Inserisci ed appariranno come sottili linee orizzontali.

Fatto questo usare questa voce menù per dividere il documento in più parti al punto segnato degli indicatori.

- Impostazioni: (F5) Apre la finestra Preferenze per modificare le opzioni di Aspetto, Pulisci il Sorgente, Scorciatoie da tastiera, Lingua, Dizionari ortografici.

Inserisci

- Indicatore di divisione: (CTRL+SHIFT+Return) Inserisce una linea da utilizzare per divisori a marcatori.
  Si veda punto precedente "Dividi agli indicatori".
- File: (CTRL+SHIFT+I) Inserisce nel progetto file audio, video o immagine prelevandola dal PC in locale.
- Carattere speciale: Inserire caratteri speciali (simboli non presenti fra i simboli della tastiera).
- ID: Inserire un nome di ancoraggio che può essere utilizzato con i collegamenti interni all'ebook.
- Collegamento ipertestuale: Permette di inserire un collegamento ipertestuale (link) ad un'altra pagina dell'ebook, ad un ancoraggio (punto precedente) oppure ad una pagina in Internet.
- Tag di chiusura: (CTRL+.) In Vista Codice inserisce un tag per chiudere l'ultimo tag rimasto aperto. Normalmente lo fa anche Sigl in modo autonomo quando rileva l'errore.

Formato

- Titolo: Formati dei titoli e sottotitolo (da 1 a 6).
  Importante perché saranno utilizzati dal sistema per creare il sommario con voci e sottovoci.
  - Titolo 1: Formattare il paragrafo come intestazione di livello 1.
  - o ....
  - Titolo 6: Formattare il paragrafo come intestazione di livello 6.
  - Normale: Paragrafo che contiene testo nel formato utilizzato nell'ebook.
  - Mantieni gli attributi esistenti: Conservare gli attributi come class durante la formattazione.
- Grassetto: (CTRL+B) Testo in grassetto.(Si veda: Editing Iin Vista Codice, Pag.30)
- Corsivo: (CTRL+I) Testo in corsivo.(Si veda: Editing Iin Vista Codice, Pag.30)
- Sottolineato: (CTRL+U) Testo sottolineato. (Si veda: Editing Iin Vista Codice, Pag.30)
- Barrato: Test barrato. (Si veda: Editing Iin Vista Codice, Pag.30)
- Pedice: Testo dimensionato pedice.(Si veda: Editing Iin Vista Codice, Pag.30)
- Apice: Testo dimensionato apice.(Si veda: Editing Iin Vista Codice, Pag.30)
- Allinea a sinistra: Allinea il testo al margine sinistro.
- Centra: (CTRL+E) Allinea il testo al centro dello schermo.
- Allinea a destra: Allinea il testo al margine destro.
- Giustifica: (CTRL+J) Allinea il testo a margini sinistro e destro.
- Elenco puntato: (CTRL+Shift+L) Modifica il testo in un elenco di voci precedute da punti.
- Elenco numerato: Modifica il testo in un elenco di voci precedute da numeri.
- Riduci indentezione: Diminuisce il rientro del testo.
- Aumenta indentezione: Aumenta rientro del testo.
- Direzione testo LTR: Impostare la direzione del testo da sinistra a destra.
- Direzione testo RTL: Impostare la direzione del testo da destra a sinistra.
- Testo direzione del testo predefinita: Imposta la direzione del testo di default.
- Rimuovi formatta: Toglie formattazione dello stile nel Libro Vista, elimina i tag in Vista Codice.

Cerca

- Trova e sostituisci: (CTRL+F) Apre la finestra Trova e sostituisci.
- Trova successivo: (CTRL+G) Ricerca in avanti per il prossimo testo corrispondente.
- Trova precedente: (CTRL+SHIFT+G) Ricerca indietro per il prossimo testo corrispondente.
- Sostituisci: (CTRL+R) Sostituire ogni testo corrispondente.
- Sostituisci / Trova successivo: (CTRL+]) Sostituire ogni testo corrispondente e la ricerca in avanti per il prossimo testo corrispondente.
- Sostituisci / Trova precedente: (CTRL+[) sostituire il testo corrispondente e cercare indietro per il prossimo testo corrispondente.

- Sostituisci tutto: (CTRL+A) Sostituire ogni testo corrispondente in base alle impostazioni di Cerca e sostituisci.
- Conta tutto: (CTRL+C) Conta la quantità di ogni testo corrispondente in base al Cerca e sostituisci.
- File corrente: Operazioni di ricerca/sostituzione solo per il file corrente
    - Trova successivo nel File: Cerca solo nel file corrente.
    - Sostituire Prossimo nel File: Sostituisci / Trova successivo solo nel file corrente.
    - Sostituisci tutto nel File: Sostituisci tutto solo nel file corrente.
    - Counta tutto nel File: Conta Tutto solo nel file corrente.
- Posizione dei segnalibri: (CTRL+ALT+B) Impostazione segnalibro.
- Vai a link o Stile: (F3) Per andare a link e stile css selezionato.
- Indietro: (CTRL+\) Torna al punto in cui si imposta un segnalibro, è fatto clic su un link o usato Vai a link o Style.
- Segnate testo selezionato: (CTRL+SHIFT+M) Selezionare il testo in Vista Codice per l'utilizzo con Trova e sostituisci.
- Vai alla linea: (CTRL+/) Vai a un numero di riga specifica in Vista Codice.

Strumenti

- Aggiungi copertina: Selezionare un'immagine da utilizzare come copertina.
- Editor dei Metadati: (F8) Apre il Metadata Editor per modificare i dettagli del libro. Titolo, autore, lingua ecc.
- Tavola dei contenuti (TOC), generatore del sommario
    - Genera tavola dei contenuti (TOC), genera il sommario utilizzando le impostazioni predefinite (Titolo1, Titolo2.....)
    - Modifica tavola dei contenuti (TOC), rende possibile aggiunta ed eliminazioni alla tavola dei contenuti (Sommario) generata automaticamente.
    - Genera tavola dei contenuti (TOC) in HTML
- Indice: permette di creare un indice dell'ebook
    - Editor dell' indice: Gestire le voci di indice in modo semiautomatico.
    - Aggiungi all'editor dell'Indice: Permette di aggiungere manualmente voci all'indice.
    - Seleziona per l'indice: Al momento della creazione permette di aggiungere all'indice il testo selezionato.
    - Creata Indice: Crea un file HTML contenente la lista degli indici.
- Controllo ortografico:
Tenere presente che il suo utilizzo è in relazione al tipo di lingua impostata.
    - Controllo ortografico: (ALT+Q) Finestra di dialogo Apri per controllo ortografico tutte le parole in una sola volta.
    - Evidenzia le parole errate: Mette in evidenza le parole errate in Vista Codice.
    - Prossima parola errata: Trova la parola errata successiva in Vista Codice.
    - Aggiungi le parole errate: Aggiungere le parole errate al dizionario predefinito.
    - Ignora parole errate: Ignora la parole errate temporaneamente mentre Sigil è in esecuzione. Parole ignorate vengono cancellate anche quando si apre un nuovo e-bool.
    - Cancella Parole errate: Pulisce la lista delle parole temporaneamente ignorate.
- Convalida EPUB con FlightCrew: (F7) Controlla se il libro soddisfa gli standard EPUB per la pubblicazione.
- Convalida Fogli di stile con W3C: Verifica se i file CSS sono validi utilizzando il servizio web del W3C.
- Rapporti: (Control+SHIFT+R) Visualizza vari dettagli sui file HTML, immagini, stili CSS, etc.
- Editor degli appunti: (CTRL+ALT+F) Modifica e incolla nel documento frammenti di testo e stili.
- Ricerche salvate: Mostra finestra con le ricerche fatte e salvate..
- Cancella file multimediali inutilizzati: Rimuovi file non utilizzati nell'ebook (immagini ecc.).
- Cancella le classi dei fogli stile inutilizzate: Rimuove le classi CSS non utilizzate nell'ebook.

Visualizza

- Barre degli strumenti: permette di aggiungere/eliminare pulsanti dalla barra degli strumenti.
- Vista Libro: passa dalla Vista Codice alla Vista Libro.

- Vista Codice: passa dalla libro codice alla Vista Codice.
- Modifica visualizzazione: (F2) come un interruttore fra le due voci precedenti.
- Ingrandisci: (CTRL+=) Aumenta alla vista la dimensione del testo e delle immagini.
- Riduci: (CTRL+=) Riduce alla vista la dimensione del testo e delle immagini.
- Annulla zoom: (CTRL+O) Ripristina la finestra di zoom al 100%
- Navigatore dei libri: (ALT+F1) Aprire o chiudere la finestra " Navigatore dei libri".
- Appunti: apre o chiude la finestra "Appunti".
- Anteprima: (F10) Aprire o chiudere una finestra di anteprima dal vivo.
- Tavola dei contenuti (TOC): (ALT+F3) Apre o chiude una finestra TOC.
- Risultati della validazione: (ALT+F3) apre o chiude la finestra di convalida.

Finestra

- Scheda successiva Tab: (CTRL+PgUp) Passa alla scheda successiva.
- Scheda precedente: (CTRL+PgDown) Cambia vista alla scheda precedente.
- Chiudi scheda: (CTRL+W) Chiudere scheda corrente.
- Chiudi le altre schede: (CTRL+ALT+W) Chiude tutte le schede diverse dalla scheda corrente.
- File precedente: (CTRL+ALT+PgUp) Aprire il file sopra il file selezionato nel Navigatore dei libri.
- File successivo: Apre il file sotto il file selezionato nel Navigatore del libro.

Aiuto

- Guida utente: (F1) La guida ufficiale di Sigil per l'utente (in inglese).
- Procedure guidate: guide passo passo nell'utilizzo di Sigil (in inglese).
- FAQ: domande frequenti su Sigil (in inglese).
- Dona: Come donare allo sviluppo in corso.
- Segnala un problema: Come inviare report su un bug.
- Sigil Dev Blog: aggiornamenti occasionali sullo sviluppo.
- Informazioni: La versione Sigil, l'autore e link al sito di Sigil.

Dello stesso autore

App Inventor 2 per esempi

MIT (Massachusetts Institute of Technology) ha rilasciato App Inventor 2 (2014).

Rimane ambiente di sviluppo gratuito,le App possono essere distribuite senza vincoli su Google Play Store.

Le App sono sviluppate da un browser collegato al MIT su componenti aventi proprietà,eventi e metodi preconfezionati.

Il programmatore,scelti i componenti,deve solo dar loro i comportamenti voluti.

Essi vengono assegnati con blocchi codice predisposti riducendo possibilità di errori. MIT ha sviluppato anche un componente che, basandosi su Google Fusion Tables V1, rende possibile gestire in remoto database di cospicue dimensioni.

Nel testo è descritto come accedere e interagire con Google Fusion Tables usando SQL, iniziando da semplici query Insert, Update, Delete fino a più complesse (il codice è commentato).

Per ogni componente descritto è presentata almeno 1 App alla cui presentazione vengono utilizzati solo le sezioni descritte in precedenza,in modo da rendere l'apprendimento facile e graduale.

Fatevi le mappe vostre con Google Maps

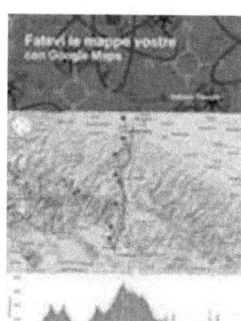

Il libro si rivolge a chi,pur con conoscenze minime in materia, desidera implementare mappe personalizzate.

E' una raccolta di appunti Google Maps con i quali è stato scritto codice per i più svariati tipi di mappa.

Gli esempi spaziano fra marker, Infowindows personalizzati, linee, poligoni, cerchi, immagini proprie ridimensionabili allo zoom mappa (GroundOverlay), manipolazione dei controlli standard e creazione di nuovi.

Geocoding e ReverseGeocoding (conversione d'indirizzo testuale in coordinate geografiche e viceversa) generando una mappa con un percorso fra due indirizzi con tappe intermedie e possibilità di spostarsi in auto, camminando o con mezzi pubblici.

Weather and Cloud Layers, per implementare previsioni meteo.

Elevation Service, altimetria per punti della superficie terrestre con mappa e tragitto grafico/altimetrico.

Street View con punti di visuale e controlli specifici.

Il codice sorgente degli esempi può essere copiato, modificato e utilizzato, senza chiedere autorizzazioni.

www.ingramcontent.com/pod-product-compliance
Lightning Source LLC
Chambersburg PA
CBHW060204060326
40690CB00018B/4245